Sellnow, Kosten-Nutzen-Analyse und Stadtentwicklungsplanung

Die Schriften des Deutschen Instituts für Urbanistik sind aus der Schriftenreihe des Vereins für Kommunalwissenschaften e. V. Berlin hervorgegangen.

Das Deutsche Institut für Urbanistik hat seinen Sitz im Ernst-Reuter-Haus, Berlin 12 (Charlottenburg), Straße des 17. Juni 112.

SCHRIFTEN
DES DEUTSCHEN INSTITUTS FÜR URBANISTIK

Band 43

Kosten-Nutzen-Analyse und Stadtentwicklungsplanung

von

Reinhard Sellnow

Zweite Auflage 1974

VERLAG W. KOHLHAMMER
STUTTGART BERLIN KÖLN MAINZ

Zweite Auflage 1974
Alle Rechte vorbehalten. © 1973 Verlag W. Kohlhammer GmbH, Stuttgart Berlin Köln Mainz. Verlagsort: Stuttgart. Umschlaggestaltung: Christian Ahlers. Gesamtherstellung: W. Kohlhammer GmbH, Grafischer Großbetrieb, Stuttgart. Printed in Germany. ISBN 3-17-00 2262-8

I N H A L T   Seite

0. Vorwort   VII

1. Einführung   1
    1.1. Zielsetzung und Aufbau der Arbeit   1
    1.2. Notwendigkeit, Bedeutung und Fragestellung
          von Kosten-Nutzen-Analysen   4
    1.3. Historische Entwicklung der Kosten-Nutzen-
          Analyse   8

2. Theoretische Grundlagen der Kosten-Nutzen-Analyse   10
    2.1. Wohlfahrtstheoretische Begründung   10
    2.2. Ziel und Grundprinzip   20
    2.3. Methodische Probleme   23
          2.3.1. Notwendigkeit der Suboptimierung   23
          2.3.2. Berücksichtigung von Nebenbedingungen   26
          2.3.3. Erfassung von Kosten und Nutzen   27
          2.3.4. Bewertung von Kosten und Nutzen   34
          2.3.5. Zeitmoment   39
          2.3.6. Investitionskriterien   45
          2.3.7. Sensitivitätsanalysen   49
    2.4. Kritik der Kosten-Nutzen-Analyse   50
          2.4.1. Theoretisch-prinzipielle Einwände   51
          2.4.2. Praktisch-statistische Einwände   57

3. Überlegungen zur Anwendbarkeit der Kosten-
    Nutzen-Analyse in der Stadtentwicklungsplanung   59
    3.1. Verfahren zur Strukturierung von Ent-
          scheidungsproblemen   65
    3.2. Rahmen für die Anwendbarkeit der Kosten-
          Nutzen-Analyse   76
          3.2.1. Verwaltungsstruktur   76
          3.2.2. Budgetierungsverfahren   82
          3.2.3. Beteiligung der Öffentlichkeit   87

			Seite
3.3.	Besondere Probleme der Anwendbarkeit der Kosten-Nutzen-Analyse		95
	3.3.1.	Problem der Erfassung und Bewertung von Kosten und Nutzen	95
	3.3.2.	Problem der komplexen Kausalzusammenhänge	103
3.4.	Variationen und Alternativen der Kosten-Nutzen-Analyse		107
	3.4.1.	Konzept von Lichfield	107
	3.4.2.	Konzept von Buchanan	109
	3.4.3.	Kosten-Wirksamkeits-Analyse	111

4. Grenzen der Anwendbarkeit der Kosten-Nutzen-Analyse in der Stadtentwicklungsplanung   117

Literatur   124

Sachregister   147

0. VORWORT

Der Verfasser der hier vorgelegten Studie hat sich die Aufgabe gestellt, die Anwendungsmöglichkeiten der Kosten-Nutzen-Analyse auf Fragestellungen der Stadtentwicklungsplanung zu prüfen und insbesondere die Grenzen der Anwendbarkeit des Verfahrens als Instrument der Entscheidungsvorbereitung in diesem Bereich abzustecken. Die Übersicht über die theoretischen Grundlagen und die Erörterung der methodischen Probleme, die bei der Erfassung und Bewertung der Rechnungselemente, bei der Sensitivitätsprüfung der Ergebnisse usw. auftreten, sind ganz auf diese spezielle Blickrichtung der Arbeit ausgerichtet.

Es wird zunächst die wohlfahrtstheoretische Begründung der Kosten-Nutzen-Analyse kritisch dargestellt, und die der Kosten-Nutzen-Analyse zugrundeliegende Zielsetzung einer Effizienzmaximierung wird auf mögliche Ergänzungen oder Alternativen geprüft. Im weiteren werden methodische Einzelprobleme behandelt und eine Reihe von theoretischen sowohl wie empirisch-statistischen Einwendungen erörtert, die in der Literatur gegen die Kosten-Nutzen-Analyse vorgetragen worden sind.

Ausführlich beschäftigt sich der Verfasser sodann mit den Anwendungsproblemen im Bereich der Stadtentwicklungsplanung: Es werden mögliche Verfahren zur Strukturierung von Entscheidungssituationen für die Stadtplanung erörtert, der institutionelle wie der budgetäre Rahmen werden abgesteckt, spezielle Schwierigkeiten der Erfassung und Bewertung von in das stadtplanerische Kosten-Nutzen-Kalkül eingehenden Elementen werden diskutiert. Abschließend stellt der Verfasser in kurzen Umrissen einige Alternativkonzepte aus der Literatur vor, insbesondere die Kosten-Effizienz-Analyse, der er deshalb bessere Chancen als Instrument der Entscheidungshilfe einräumt, weil sie die Verarbeitung mehrdimensionaler Ziel-Restriktionssysteme zuläßt.

Trotz der Ausrichtung auf die spezielle Fragestellung interessiert sich der Autor mehr für Grundsätzliches, so z. B. für die Frage, wieso die auf Pareto basierende Wohlfahrtstheorie, die bekanntermaßen im Rahmen sehr starker, realitätsferner Prämissen zu rein modellmäßigen Bedingungssystemen als "sozialen" Optimallösungen führt, zur Rechtfertigung der Kosten-Nutzen-Analyse als eines auf die planerische Vorbereitung konkreten politischen Handelns gerichteten Instrumentes herangezogen werden kann. Einige seiner kritischen Argumente richten sich dabei weniger gegen die Kosten-Nutzen-Analyse als solche, sondern eher gegen die bisweilen unkritische Handhabung des Instrumentes durch die Anwendenden: Die Bevorzugung des monetären Effizienzkriteriums ist der Kosten-Nutzen-Analyse nicht schlechthin immanent, de facto wird das Verfahren aber nicht selten so stark vereinfacht, daß fast nur dieser Aspekt zurückbleibt.

Die Hinwendung zu solchen Verfahren der Entscheidungsvorbereitung, welche sowohl die Eingaben als auch die Lösungen multidimensional erfassen, die politischen Wertungen und die Ausfilterung der optimalen Lösung aber einem Prozeß der Interaktion von Planern, Betroffenen und Entscheidungsträgern zuordnen, ist zweifellos - gerade in so komplexen Entscheidungsbereichen wie dem der Stadtentwicklungsplanung - unumgänglich. Die Kosten-Effizienz- und die (vom Verfasser wegen ihres andersartigen Ansatzes hier ausgeklammerte) Nutzwert-Analyse führen in diese Richtung.

Der Autor sieht seine Aufgabe weniger im Anbieten von Lösungen als im Stellen von Fragen. Das macht die Lektüre interessant und anregend - zum Nachdenken anregend. Sicher wird die Studie weitere Diskussionen auslösen, und zwar auch kontroverse Diskussionen. Auch in den Disputen zwischen dem Autor und dem Verfasser dieses Vorwortes sind einige Fragen kontrovers geblieben - so z. B. die nach der Beurteilung der "Staatsauffassung", die der Wohlfahrtstheorie und dem Kosten-Nutzen-Ansatz zugrundeliege.

Was aber wäre sozial-wissenschaftliche Diskussion ohne Kontroverse?

Karlsruhe, im Oktober 1973

Prof. Dr. Rolf Funck

> "Give a small boy a hammer, and he will find that everything needs pounding, give an analyst a technique and he will formulate every problem so that he can 'use' that technique".
>
> David A. Good
> Regional Science Research Institute
> Philadelphia, USA

1. EINFÜHRUNG

1.1. ZIELSETZUNG UND AUFBAU DER ARBEIT

Seit einigen Jahren prägt das Galbraith'sche Wort vom "privaten Reichtum und der öffentlichen Armut" die Diskussion um die Ausweitung der Leistungen des Staates. Die Vertreter steigender Staatsausgaben machen geltend, daß das marktwirtschaftlich orientierte Wirtschaftssystem in der Weckung und Befriedigung materieller Bedürfnisse zu großen Leistungen fähig ist, daß die Entwicklung der Leistungen des Staates in Quantität und Qualität mit dieser Entwicklung jedoch nicht Schritt halten konnte.

Die aus diesem Spannungsverhältnis abgeleitete Forderung nach einer Ausweitung und Verbesserung der Leistungen des Staates, steht auch und gerade auf kommunaler Ebene den finanziellen Beschränkungen gegenüber, die durch die Größe des Haushaltes gegeben sind. Das begrenzte Budget zwingt die politische Führung zur Planung und zur Aufteilung der Mittel gemäß ihren Vorstellungen von der Wichtigkeit und Dringlichkeit der Maßnahmen.

Es ist daher verständlich, wenn sich Stadtverwaltungen und Kommunalpolitiker praktikable Methoden als Entscheidungshilfe für die Auswahl von Investitionen wünschen; sei es mit der ehrlichen Absicht, zu 'objektiveren' und 'rationaleren' Auswahlkriterien zu kommen, sei es auch nur mit dem Ziel, einen wissenschaftlichen Mantel über die Vertretung partikularer Interessen hängen zu können.

Mit der Methode der Kosten-Nutzen-Analyse (KNA) scheint eine Entscheidungshilfe vorzuliegen, die es ermöglicht, die Vorteilhaftigkeit eines oder mehrerer Projekte durch die wertende Gegenüberstellung von Kosten und Nutzen aufzuzeigen. Nach der Entwicklung und offensichtlich erfolgreichen Anwendung dieses Instrumentes im Bereich der Wasserwirtschaft, trat es eine Art Siegeszug durch fast alle anderen Bereiche der Staatswirtschaft an, dessen vorläufiger Höhepunkt die Berücksichtigung im Planning-Programming-Budgeting-System (P.P.B.S.), einem in den USA auf Teilgebieten eingeführten neuen Budgetierungsverfahren ist.

Es hat seit der Entwicklung der KNA nicht an warnenden Stimmen gefehlt, die auf die Mängel und Anwendungsgrenzen dieser Methode hingewiesen haben. Sie konnten das 'Wunderinstrument' jedoch nicht mehr entglorifizieren und auf eine angemessene Bedeutung zurückbringen.

Ein wesentlicher Schritt in der Entwicklung der KNA ist in dem Übergang der Anwendung von mehr technisch zu mehr sozial orientierten Projekten zu sehen. Im Bereich der kommunalen Planung zeigt sich dies an Versuchen, mit Hilfe von Kosten-Nutzen-Analysen die Vorteilhaftigkeit von Maßnahmen beispielsweise auf Sektoren wie Gesundheit, Bildung, Erholung usw. zu bestimmen. Hiermit werden bereits die Kernfragen angedeutet, die dieser Arbeit zugrundeliegen: In welchem Maße kann die Methode der Kosten-Nutzen-Analyse ihrem eigenen Anspruch gerecht werden; kann dieses Instrument im Rahmen einer Stadtentwicklungsplanung sinnvoll Anwendung finden und schließlich, inwieweit läßt sich die Vorteilhaftigkeit von Investitionen speziell aus dem Bereich der Stadtentwicklungsplanung mit dieser Methode erfassen?

Im ersten Teil der Untersuchung soll versucht werden, die Frage zu beantworten, in welchem Maße die Methode selbst, unabhängig von einem bestimmten Anwendungsgebiet, ihrem eigenen theoretischen Anspruch gerecht werden kann, die Vorteilhaftigkeit alternativer Investitionen durch die wertende Gegenüberstellung aller anfallenden Kosten und Nutze zu bestimmen.

Im zweiten Teil wird versucht, mehr aus einer Vogel- denn aus einer
Froschperspektive die Probleme der Anwendung der Kosten-Nutzen-
Analyse in der Stadtentwicklungsplanung aufzuzeigen. Ansatzpunkte
sind hierbei nicht Einzelprobleme von Anwendungsmöglichkeiten auf
speziellen Planungsgebieten, sondern   g r u n d s ä t z l i c h e
Überlegungen zur Anwendbarkeit der KNA in einer Stadtentwicklungsplanung und zur Anwendbarkeit auf Investitionen des kommunalen Pla-
nungsbereiches.

Die Ausführungen beginnen mit einer Klärung dessen, was unter Stadtentwicklungsplanung verstanden wird und einer Diskussion der Anforderungen, die sich daraus an die kommunale Verwaltung ergeben. Es
wird zu untersuchen sein, welche Schwierigkeiten sich für die Anwendbarkeit der KNA vor dem Hintergrund dieser Anforderungen ergeben,
wobei die Probleme eines neuen Entscheidungsfindungsprozesses, der
Struktur der Verwaltung, der Budgetierungsverfahren und des Verhältnisses von Planung und Öffentlichkeit angesprochen werden.

Erst danach wird versucht, die besonderen Anwendungsprobleme dieser
Methode bei Stadtplanungsprojekten aufzuzeigen: Von großer Bedeutung
sind die Tatsache des relativ hohen Anteils der nicht-monetär bewertbaren Kosten und Nutzen von kommunalen Investitionen und die,
daß die Stadt ein System mit komplexen Kausalzusammenhängen ist,
die es äußerst schwierig machen, die Wirkungen von einzelnen Maßnahmen zu erkennen.

Anschließend gilt das Interesse einigen Variationen und Alternativen
der Kosten-Nutzen-Analyse, die für die Anwendung in der Stadtplanung
entwickelt wurden bzw. geeignet scheinen, den Anforderungen einer
Stadtentwicklungsplanung zu genügen und mit denen versucht wird,
einen Teil der schwerwiegenden Mängel der traditionellen KNA zu
überwinden.

Im Schlußkapitel werden die methodischen Probleme der KNA und die
Anwendungsprobleme in der Stadtentwicklungsplanung noch einmal zusammengefaßt, um die Grenzen der Anwendbarkeit in diesem Bereich
aufzuzeigen und um einen Ausblick auf mögliche Weiterentwicklungen
zu geben.

Das Bemühen, die Grenzen zwischen Sinn und Unsinn der Anwendung dieses Instrumentes aufzuzeigen, ist vor dem Hintergrund der sich abzeichnenden Gefahr zu sehen, daß eindeutig politische Entscheidungen, auch und gerade auf Gemeindeebene, als solche verschleiert und durch Berufung auf die Ergebnisse einer Kosten-Nutzen-Analyse zu 'rationalen' Sach- und damit unpolitischen Entscheidungen erklärt werden.

1.2. NOTWENDIGKEIT, BEDEUTUNG UND FRAGESTELLUNG VON KOSTEN-NUTZEN-ANALYSEN

Das Hauptargument für die Notwendigkeit von Kosten-Nutzen-Analysen in der öffentlichen Verwaltung wird in der Literatur in der Tatsache des ständig relativ und absolut steigenden Anteils der Staatsausgaben am Volkseinkommen gesehen. Stellt man die öffentlichen Ausgaben den jeweiligen Werten des Volkseinkommens gegenüber, so zeigt sich ein beträchtliches Wachstum des Anteils der öffentlichen Hand; beispielsweise von 15,7 % im Jahre 1913 auf 42,4 % im Jahre 1963[1]. Dies, zusammen mit der Erscheinung des wachsenden Steuerwiderstandes[2] zwingt zur Prüfung, ob die begrenzten Mittel vom Gesichtspunkt der Effizienz[3] "vernünftig" eingenommen, verwaltet und verausgabt werden, wobei Staatsausgaben letztlich nur zu rechtfertigen sind, wenn die gesamtgesellschaftlichen Kosten geringer als der angestrebte gesamtgesellschaftliche Nutzen sind.

---

1) Vgl. HEINZ KOLMS, Finanzwissenschaft I. Grundlegung. Öffentliche Ausgaben, 3. Aufl. Berlin 1966, S. 133.

2) Vgl. WALTER WITTMANN, Einführung in die Finanzwissenschaft. Teil 1.: Die öffentlichen Ausgaben, Stuttgart 1970, S. 113.

3) Mit Stolber soll der Effizienzbegriff vorerst der allgemein anerkannten Grunddefinition der globalen Produktivität gleichgesetzt werden. Im Gegensatz zur Rentabilität und Wirtschaftlichkeit, die beide in den monetären Bereich hineingreifen, ist die Produktivität ein Begriff der realen (güterwirtschaftlichen) Sphäre. Vgl. WALTER B. STOLBER, Nutzen-Kosten-Analysen in der Staatswirtschaft. Wasserwirtschaftliche Projekte, Göttingen 1968, S.19.

Ein zweites Argument für die Notwendigkeit von Effizienzuntersuchungen leitet sich aus den verwendeten Budgetierungsverfahren für die Bestimmung der öffentlichen Haushalte ab[4]. Sowohl der "requirement approach" (d.h., daß der Staat zu einem bestimmten Zeitpunkt X neue Schulen, Y Krankenhäuser, Z Autobahnkilometer usw. braucht) wie auch der "budget first approach" (bei dem das Ausgabevolumen ohne Kenntnis des damit zu erreichenden Nutzens bestimmt wird) lassen nicht auf eine effiziente Verwendung der Ressourcen schliessen, da sie nicht das, was eingesetzt wird mit dem vergleichen, was voraussichtlich erhalten wird.

Recktenwald[5] führt noch einen weiteren Grund zur Notwendigkeit von Kosten-Nutzen-Analysen an: Zur Sicherung der Stabilität des politischen Systems sollten KNA's eingesetzt werden, die die Politiker in die Lage versetzen, bei möglichst vollkommener Kenntnis der Alternativen und ihrer Auswirkungen auf die Einkommens- und Vermögensverteilung, aber auch auf die funktionale, räumliche und sektorale Distribution, Entscheidungen zu fällen, die die 'soziale Sicherheit' nicht vernachlässigen.

Hiermit wird die eminent politische Frage nach dem Selbstverständnis und der Funktion des Staates angesprochen, auf die im Kapitel 2.1., der wohlfahrtstheoretischen Begründung der KNA, zurückzukommen sein wird.

Die Bedeutung der KNA ist in den einzelnen Ländern recht unterschiedlich. Die längsten Erfahrungen wurden in den Vereinigten Staaten gesammelt, wo schon 1936 mit dem 'Flood Control Act'[6] die Anwendung der KNA in bestimmten Fällen gesetzlich vorgeschrieben wurde. Mit der Verfeinerung der Technik und der Ausbreitung in anderen Bereichen der öffentlichen Verwaltung sowie der teilweisen Einführung eines neuen Budgetierungsverfahrens (P.P.B.S.) hat die KNA in den USA eine relativ große Bedeutung.

---

4) Vgl. unter 3.2.2., speziell S. 84.
5) Vgl. NUTZEN-KOSTEN-ANALYSE UND PROGRAMMBUDGET. Grundlage staatlicher Entscheidung und Planung, hrsg. von Horst C. Recktenwald, Tübingen 1970, S. 2. Weitere Überlegungen hierzu: HORST C. RECKTENWALD, Effizienz und innere Sicherheit. Unteilbare Güter: Gesetz, Ordnung, Polizei, ebenda, S. 249 - 266.
6) Vgl. unter 1.3., S. 8.

In Europa sind Anwendungen hauptsächlich aus England, insbesondere auf dem Verkehrssektor, bekannt geworden. Maßgebliche Analysen waren die über die wirtschaftlichen Auswirkungen der Fernverkehrsstraße M 1 von London nach Birmingham (1960), der Bau der Victoria-Line des Londoner Untergrundbahnnetzes (1963)[7] und der Bau des dritten Londoner Flughafens (1970)[8].

In der deutschen Praxis sind Cost-Benefit-Praktiken noch nicht gebräuchlich[9]. Zwar forderte der Bundesfinanzminister bereits 1966 "eine kritische Durchleuchtung von Kosten und Nutzen staatlicher Maßnahmen"[10], und auch der Sachverständigenrat empfahl im Jahresgutachten 1967/68[11] die sorgfältige Prüfung öffentlicher Ausgaben daraufhin, ob ihr sozialer Wert die Kosten rechtfertige; doch wurde erst in das Haushaltsgrundsätzegesetz (HGrG) von 1969 ein Paragraph aufgenommen, der - allerdings nur für Bund und Länder - bei geeigneten Maßnahmen von erheblicher finanzieller Bedeutung die Durchführung von Kosten-Nutzen-Untersuchungen[12] fordert. Größere Analysen von seiten des Staates auf Grund dieser Vorschrift sind bisher kaum bekannt geworden[13]. Vermutlich liegt die Bedeutung der KNA in der Bundesrepublik bis jetzt weit stärker auf dem Gebiet wissenschaftlicher Forschungsarbeiten, als dem der praktischen Anwendung in der öffentlichen Verwaltung.

---

7) Vgl. G. H. PETERS, Cost-Benefit-Analyse und staatliche Aktivität, Hamburg 1968, S. 13.

8) Vgl. AJIT K. DASGUPTA und D. W. PEARCE, Cost-Benefit-Analysis. Theory and Practice, London 1972, S. 201.

9) Vgl. GERHARD EGGELING, Die Nutzen-Kosten-Analyse. Theoretische Grundlagen und praktische Anwendbarkeit, dargestellt an einem Straßenbauprojekt, Diss. Göttingen 1969, S. 2.

10) FRANZ-JOSEF STRAUSS, Mut zur Entscheidung, in: Der Volkswirt, Nr. 51/52 (1966), S. 27.

11) SACHVERSTÄNDIGENRAT ZUR BEGUTACHTUNG DER GESAMTWIRTSCHAFTLICHEN ENTWICKLUNG, Stabilität und Wachstum. Jahresgutachten 1967/68. Stuttgart 1967, S. 242.

12) ALBERT LEICHT, Die Haushaltsreform, München und Wien 1970, S. 82, § 6 (2) HGrG.

13) Zu erwähnen ist beispielsweise die vom Bundesverkehrsministerium in Auftrag gegebene Saar-Pfalz-Kanal-Studie: WASSERSTRASSENANSCHLUSS FÜR DAS SAARLAND. Kosten-Nutzen-Analyse. Bearbeitet von: Intertraffic GmbH, Düsseldorf; Prognos AG, Basel; Deutsche Revisions- und Treuhand AG, Frankfurt o.J.

Die KNA wird bis jetzt überwiegend auf technischen Gebieten, wie Wasserbau und Verkehrswesen, angewandt. Eine Erweiterung der Anwendung auf Bereiche mit stark sozialen Elementen (Bildung, Gesundheit, Verwaltung etc.) wird, wie schon erwähnt, versucht und in der Literatur diskutiert.

Herauszuheben ist ebenfalls die Bedeutung der KNA für das in Amerika entwickelte und dort bereits teilweise verwandte Budgetierungsverfahren des Planning-Programming-Budgeting-System (P.P.B.S.)[14], das ohne diese ökonomische Analyse als Grundlage überhaupt nicht denkbar ist[15].

Schon jetzt ist jedoch darauf hinzuweisen, daß die Bedeutung der KNA als wertende Gegenüberstellung von Alternativlösungen nicht darin liegt, Entscheidungen zu liefern, sondern lediglich Entscheidungs - h i l f e zu sein, indem sie Zusammenhänge zwischen Zielen und Mitteln verdeutlicht, über den Wert der Entscheidungsziele selbst jedoch nichts aussagt.

Grundsätzlich kann versucht werden, mit der KNA auf drei verschiedene Fragen zu antworten, die sowohl als einzelne Probleme, wie auch zusammen, Gegenstand der Untersuchung sein können[16]:

- Ist die Ausführung des Projektes gesamtwirtschaftlich vertretbar?
- Welche Alternative von Investitionsprojekten ist die beste?
- Welcher Zeitpunkt ist für die Durchführung eines Projektes der günstigste?

---

14) Vgl. unter 3.2.2., S. 85 ff.

15) Vgl. HORST C. RECKTENWALD, Die ökonomische Analyse: Hilfe für rationale Entscheidung in der Staatswirtschaft, in: Nutzen-Kosten-Analyse und Programmbudget, hrsg. von Horst C. Recktenwald, Tübingen 1970, S. 17.

16) Vgl. WITTMANN, S. 114.

1.3. HISTORISCHE ENTWICKLUNG DER KOSTEN-NUTZEN-ANALYSE

Dogmengeschichtlich[17] wird die KNA auf Dupuit[18] und seine 1844 erschienene klassische Abhandlung "De la Mesure de l'Utilité des Traveaux Publics" zurückgeführt, in der er als erster versucht hat, den Nutzen öffentlicher Arbeiten zu messen. Nach dieser in Vergessenheit geratenen Veröffentlichung begann die eigentliche Entwicklung erst, als im Jahre 1902 in den USA im "River and Harbor Act" verlangt wurde, "daß eine Gruppe von Fachleuten über die Zweckmäßigkeit bestimmter militärischer Fluß- und Hafenprojekte unter Berücksichtigung aller ökonomischen Vor- und Nachteile befinde"[19].

Von einer Analyse im eigentlichen Sinn kann jedoch erst bei den gesetzlichen Bestimmungen im Rahmen der Politik des "New Deal" in den dreißiger Jahren gesprochen werden. Im "Flood Control Act" von 1936 wurde festgelegt, daß sich die Bundesregierung nur dann an bestimmten Projekten der Wasserwirtschaft beteiligen dürfe, "if the benefits to whomsever (!) they may accrue are in excess of the estimated costs, and if the lives und social security of people are otherwise adversely affected"[20].

---

17) Ausführliche Darstellungen der Geschichte der Kosten-Nutzen-Analyse finden sich in: STEPHAN A. MARGLIN, Public Investment Criteria. Benefit-Cost-Analysis for Planned Economic Growth, London 1967, S. 16 ff.; ROLAND M. McKEAN, Efficiency in Government through Systems Analysis. With Emphasis on Water Resource Development, New York 1958, S. 18 ff.; A. R. PREST und R. TURVEY, Cost-Benefit Analysis: A Survey, in: The Economic Journal, London, Vol. 75 (1965), S. 683 f.; STOLBER, S. 22 ff.; PETERS, S. 12 f.

18) JULES DUPUIT, De la Mesure de l'Utilité des Traveaux Publics, in: Annales des Ponts et Chaussées, 2. Serie, Bd. 8 (1844); englische Übersetzung: On the Measurement of the Utility of Public Works, in: International Economic Papers, London, No. 2 (1952), S. 83 ff., zitiert nach STOLBER, S. 23.

19) WITTMANN, S. 113.

20) Zitiert nach STOLBER, S. 23.

In dem sogenannten "Green Book" machte ein staatliches Komitee im Jahre 1950 den Versuch, allgemeine Grundsätze für die Bewertung öffentlicher Arbeiten aufzustellen[21].

Etwa zur gleichen Zeit wurde das Konzept der KNA von den Wirtschaftswissenschaften aufgegriffen[22], jedoch erst gegen Ende der fünfziger Jahre mit den Untersuchungen von Eckstein[23] und Krutilla[24] als theoretisches Problem behandelt.

In den sechziger Jahren setzte eine breite wissenschaftliche Diskussion, sowohl der theoretischen Grundlagen als auch der praktischen Anwendbarkeit ein.

Während die Probleme auf dem ursprünglichen Anwendungsgebiet - der Wasserwirtschaft - als weitgehend ausdiskutiert anzusehen sind, gehen die Meinungen über die Lösung sowohl theoretischer wie praktischer Fragen[25] auf den stark von sozialen Elementen bestimmten Bereichen, wie Bildungs- und Gesundheitswesen, Erholung usw. weit auseinander.

---

21) U.S. FEDERAL INTER-AGENCY RIVER BASIN COMMITTEE, SUBCOMMITTEE ON BENEFITS AND COSTS, Proposed Practices for Economic Analysis of River Basin Projects, Washington, Mai 1950, zitiert nach STOLBER, S. 23.
22) Vgl. M. M. REGAN und E. L. GREENSFIELD, Benefit-Cost-Analysis of Resource Development Programs, in: Journal of Farm Economics, 1951, S. 866 ff., zitiert nach STOLBER, S. 23.
23) OTTO ECKSTEIN, Water-Resource Development. The Economics of Project Evaluation, Cambridge, Mass. 1958.
24) JOHN V. KRUTILLA und OTTO ECKSTEIN, Multiple Purpose River Development. Studies in Applied Economic Analysis, Baltimore 1958.
25) Speziell das Problem der Erfassung und Bewertung von Nutzen.

2. THEORETISCHE GRUNDLAGEN DER KOSTEN-NUTZEN-ANALYSE

Die Erörterung der theoretischen Grundlagen der Kosten-Nutzen-Analyse erfolgt nur in der Tiefe und Breite, wie sie zum Verständnis der Methode und der aufgezeigten Mängel und Bedenken notwendig erscheint. Der theoretisch interessierte Leser, der noch weitere Varianten und elegante Hilfskonstruktionen für Teilprobleme kennenlernen will, sei auf die angeführte Literatur verwiesen.

Der Intention der Arbeit entsprechend, folgt der Darstellung der KNA und der Diskussion ihrer methodischen Probleme unmittelbar eine Kritik, die sich auf das Instrument der KNA, losgelöst von speziellen Anwendungsbereichen, bezieht.

2.1. WOHLFAHRTSTHEORETISCHE BEGRÜNDUNG

Bei den theoretischen Grundlagen der KNA handelt es sich im wesentlichen um aus der Wohlfahrtstheorie bekannte Theoreme[1], die es rechtfertigen, die KNA als "spezielle Wohlfahrtsökonomik"[2] zu betrachten.

Dabei ist zunächst zu fragen, inwieweit eine Aussage darüber möglich ist, ob die allgemeine Wohlfahrt durch Staatseingriffe verbessert werden kann[3], und damit eine Anwendung der KNA als Entscheidungshilfe für staatliches Handeln gerechtfertigt ist.

---

1) Vgl. E. J. MISHAN, Cost-Benefit-Analysis. An Informal Introduction, London 1971, S. 307; vgl. W.J. BAUMOL, Welfare Economics and the Theory of the State. 2. Aufl. London 1965, S. 22 ff.

2) REIMUT JOCHIMSEN, Ansatzpunkte der Wohlstandsökonomik. Versuch einer Neuorientierung im Bereich der normativen Lehre vom wirtschaftlichen Wohlstand, Basel und Tübingen 1961, S. 99.

3) Vgl. STOLBER, S. 35.

In der Wohlfahrtstheorie wird das Ziel staatlicher Aktivität in der Erhöhung der allgemeinen Wohlfahrt gesehen, wobei die 'Wohlfahrt' der Oberbegriff für ein Zielbündel ist, das so vielfältige, sich zum Teil gegenseitig bedingende und auf einigen Ebenen auch ausschließende Ziele, wie Frieden, Freiheit, Gerechtigkeit, Wohlstand usw. enthält.

In einer ersten Vereinfachung wird die Wohlfahrt, die der Staat zu maximieren trachtet, auf den 'ökonomischen Wohlstand' reduziert. Zwei Strategien können hierbei verfolgt werden: es können Änderungen in der Verteilung der Einkommen vorgenommen werden, und es kann die Produktion erhöht werden.

Obwohl in einer marktwirtschaftlich organisierten Wirtschaft Produktion und Verteilung eine unlösbare Einheit bilden, trifft man eine gedankliche Unterscheidung und unterstellt in einer zweiten Vereinfachung, daß die Einkommensverteilung optimal und damit nicht mehr Gegenstand der Betrachtung ist.

Eine Wohlfahrtssteigerung kann nun nur noch erreicht werden, wenn die Faktorallokation verbessert wird. Kriterium für eine wohlfahrtssteigernde Maßnahme ist zunächst die Pareto-Regel, nach der mindestens eine Person durch die Maßnahme besser gestellt sein muß, ohne daß irgendein anderer schlechter gestellt wird.

Dieses theoretisch denkbare sozialökonomische Optimum ist jedoch abhängig von der Erfüllung eines ganzen Kataloges restriktiver Bedingungen[4].

---

4) Vgl. HERBERT GIERSCH, Allgemeine Wirtschaftspolitik, Bd. 1., Wiesbaden 1960, S. 106 ff.

Da es in der Wirklichkeit kaum Handlungen gibt, durch die nicht die Wohlfahrt Dritter berührt wird[5], haben Kaldor und Hicks[6] ein anderes Kriterium aufgestellt:

Eine Maßnahme kann die gesellschaftliche Wohlfahrt steigern, wenn die Nutznießer die Verlierer entschädigen und dennoch einen Nettovorteil behalten. Dabei kommt es nicht darauf an, ob die Ausgleichszahlung tatsächlich erfolgt (potentiell mögliche Kompensation).

Überträgt man dieses Kriterium auf eine Volkswirtschaft, so drückt sich eine Wohlfahrtssteigerung in einer Erhöhung des Volkseinkommens aus[7]. Bezogen auf eine einzelne staatliche Aktivität bedeutet das, daß jedes Projekt, bei dem der Ertrag die Kosten übersteigt, wohlfahrtssteigernd wirkt[8]. Damit scheint die Wohlfahrtsökonomie die theoretische Begründung für die Kosten-Nutzen-Analyse zu liefern.

Hierzu sind jedoch folgende Anmerkungen zu machen[9]:
Grundlage der Wohlfahrtsökonomie ist die realitätsferne Theorie des allgemeinen ökonomischen Gleichgewichts, die individuelle Verhaltensfreiheit, Konkurrenz auf allen Märkten, Transparenz und Zeitlosigkeit des ökonomischen Geschehens, sowie Mobilität und

---

5) Vgl. McKEAN, Efficiency, S. 76.
6) Vgl. NICHOLAS KALDOR, Welfare Propositions of Economics and Interpersonal Comparisons of Utility (1939), in: Readings in Welfare Economics, hrsg. von Kenneth J. Arrow und Tibor Scitovsky, London 1969, S. 387 - 389; J. R. HICKS, The Foundation of Welfare Economics, in: The Economic Journal, London, 1939, S. 696 ff.
7) Vgl. KRUTILLA / ECKSTEIN, S. 77.
8) Vgl. RAINER KNIGGE, Kosten und Nutzen. Anwendungsmöglichkeiten von Kosten-Nutzen-Analysen im Bereich der raumplanenden Verwaltung, Düsseldorf 1971, S. 17.
9) Die folgende Kritik der Wohlfahrtsökonomie beschränkt sich auf Argumente aus der Sicht des Themas und der speziellen Fragestellung. Eine sehr detaillierte Untersuchung liefert HERMANN EHLERT, Kritische Untersuchung der neueren Welfare Economics, Göttingen 1968.

Teilbarkeit von Gütern und Faktoren unterstellt[10].

Eine der wichtigsten Voraussetzungen für eine aussagefähige Wohlfahrtstheorie, die als Grundlage einer Wohlfahrtspolitik dienen soll, ist die Transitivitätsbedingung, d.h. die Möglichkeit einer widerspruchsfreien Wertung aller gesellschaftlichen Situationen, mit deren Hilfe eine eindeutige und vollständige Wertskala und damit eine 'allgemeine Wohlfahrtsfunktion' bestimmt werden kann[11]. Schon für den einfachsten Fall, daß drei Personen zwischen drei Zuständen zu wählen haben, hat Arrow die Möglichkeit des Widerspruchs aufgezeigt[12]. Die Wahrscheinlichkeit, daß die Transitivitätsbedingung verletzt wird, ist um so größer, je höher die Zahl der Wahlmöglichkeiten ist. Kann jedoch keine vollständige Wertskala gewonnen werden fehlt einer allgemeinen Wohlfahrtstheorie somit die wichtigste Grundlage.

Eine weitere unhaltbare Unterstellung ist die Möglichkeit interpersoneller Nutzenvergleiche[13], sowie die Lösung der willkürbehafteten Meßschwierigkeiten der Ordinalität oder gar Kardinalität des Nutzens[14].

---

10) Vgl. ebenda, S. 121.
11) Vgl. JÜRGEN PAHLKE, Welfare Economics. Grundlage allgemeingültiger wirtschaftspolitischer Entscheidungen?, Berlin 1960, S. 14.
12) Vgl. KENNETH J. ARROW, Social Choice and Individual Values, New York und London 1951, S. 2 f.
13) Vgl. PAHLKE, S. 29.
14) Vgl. JOHANNES HACKMANN, Zur wohlfahrtstheoretischen Behandlung von Verteilungsproblemen, Diss. Berlin 1972, S. 84 ff.

Schwer zu rechtfertigen dürfte auch die in der Regel unterstellte Annahme der Konstanz der Bedürfnisse[15] sowie der "equal capacity for satisfaction"[16] sein. Nicht zu beweisen ist ferner die Prämisse, daß die Nutzenschätzungen der Individuen unabhängig von der Einkommensverteilung sind[17].

Die weitgehende Ignorierung der Fremdbestimmbarkeit und Beeinflussung von Bedürfnissen[18] drückt sich in der Unterstellung von Konsumentensouveränität aus. Vorsichtig meint Bator[19] hierzu: "In fact, few people believe in the doctrine of consumer sovereignty in its pure, unadulterated form", während Galbraith[20] die Konsumentensouveränität als Ideologie ablehnt und von der subtilen Einrichtung des 'Management der gezielten Nachfrage' spricht.

Doch nicht nur die Annahmen und Voraussetzungen der Wohlfahrtsökonomie sind äußerst realitätsfern und angreifbar. Auch das Modell selbst muß an seinem Anspruch gemessen werden können, als normative Theorie nicht nur gedanklich-abstrakte Vorstellung, sondern auf die Realität gerichtet zu sein[21].

---

15) Vgl. ebenda, S. 123.
16) KALDOR, S. 388.
17) Vgl. HELMUT SCHUSTER, Der soziale Überschuß als Kriterium wirtschaftspolitischer Maßnahmen im mikroökonomischen Bereich, in: Schmollers Jahrbuch für Wirtschafts- und Sozialwissenschaften, Jg. 90 (1970), S. 140 f.
18) HACKMANN, S. 133 ff.
19) FRANCIS M. BATOR, Government and Sovereign Consumer, in: Private Wants and Public Needs. Issues Surrounding the Size and Scope of Government Expenditure, hrsg. von Edmund Phelps, New York 1965, S. 118.
20) JOHN K. GALBRAITH, Die moderne Industriegesellschaft, München und Zürich 1970, Kap. 18, S. 189 - 202; DERSELBE, Gesellschaft im Überfluß, München und Zürich 1959, S. 159 ff.; vgl. auch WERNER KROEBER-RIEL, Serie Werbung: Man möchte manipulieren, aber nicht in den Ruf des Manipulators kommen, in: Wirtschaftswoche. Volkswirt. Aktionär, Nr. 19 (1972), S. 26 - 28.
21) Vgl. EHLERT, S. 119; vgl. I. M. D. LITTLE, A Critique of Welfare Economics, 2. Aufl. London 1963, S. 258 ff.

Zweifellos ist der auf ökonomische Aspekte reduzierte Wohlfahrtsbegriff zu eng ausgelegt, zum einen, weil bei individuellen Präferenzen ökonomische und nicht-ökonomische Faktoren untrennbar miteinander verbunden sind[22], zum anderen auch hinsichtlich der Kosten-Nutzen-Analyse, weil diese sich von ihrem Anspruch her bemüht, bei der wertenden Gegenüberstellung von Alternativen alle, also auch und gerade die nichtökonomischen Kosten und Nutzen (z. B. externe Effekte) zu erfassen.

Ein weiterer Einwand richtet sich gegen die Fiktion einer Trennung von Produktion und Verteilung, die sich in unserer Wirtschaftsordnung zumindest grundsätzlich uno actu[23] vollziehen und das durch nichts gerechtfertigte Werturteil, daß die bestehende Einkommensverteilung optimal sei.

Gegen das Pareto-Kriterium ist u.a.[24] einzuwenden, daß wegen des Fehlens eines interpersonellen Vergleichsmaßstabes keine Möglichkeit besteht, den Wohlfahrtsgehalt festzustellen, die Zahl der Pareto-Optima also unendlich groß ist[25].

Derselbe Einwand gilt auch für das Kaldor-Hicks-Kompensationskriterium, das zudem beim Vergleich von zwei nicht-optimalen Situationen keine eindeutigen Aussagen erlaubt[26]. Wenn die ursprüngliche Einkommensverteilung unbefriedigend war, so ist eine Aussage

---

22) Vgl. PAHLKE, S. 19 ff.

23) Vgl. GÜNTER ELSHOLZ, Altenhilfe als Gegenstand rationaler Infrastrukturplanung, Hamburg 1970, S. 118.

24) Eine ausführliche Kritik findet sich in: KARL GEORG ZINN, Allgemeine Wirtschaftspolitik als Grundlegung einer kritischen Ökonomie, Stuttgart 1970, S. 117 ff.; vgl. auch PAHLKE, S. 63 f.

25) Vgl. STOLBER, S. 31.

26) Vgl. PAHLKE, S. 64.

über die Höhe der Kompensation infolge der fehlenden Basis nicht möglich[27]. "Wenn aber nur eine Voraussetzung für das Vorliegen eines sozialökonomischen Optimums nicht erfüllt ist (z.B. wenn die Einkommensverteilung nicht optimal ist), so läßt sich durch das Streben nach Erreichung einer weiteren Voraussetzung, also hier nach Erhöhung des Volkseinkommens, nicht mehr automatisch der Grad der Wohlfahrt erhöhen"[28].

Mit dieser Kritik ergibt sich die Unmöglichkeit, die Wohlfahrtsökonomie zur theoretischen Begründung der Kosten-Nutzen-Analyse heranzuziehen; durch die notwendige Verneinung der Ausgangsfrage, inwiefern eine Aussage darüber möglich ist, ob die allgemeine Wohlfahrt durch Staatseingriffe verbessert werden kann, entfällt sogar die ö k o n o m i s c h begründete Legitimation des Staates, die KNA als Entscheidungshilfe zu benutzen[29].

Ein weiterer grundsätzlicher Einwand gegen die Wohlfahrtsökonomie ergibt sich aus der zugrundeliegenden Staatsauffassung mit der Annahme, daß der Staat die alleinige Aufgabe und das Ziel habe, die gesellschaftliche Wohlfahrt zu erhöhen, wobei er als absolut neutrale Einrichtung jedem Bürger des Staates gleichermaßen wohlwollend gegenüberstehe.

Diese Auffassung ist Ausfluß des Gedankengutes des Liberalismus, "den Staat als eine Institution zu interpretieren, die im Interesse der Gesellschaft als Ganzes zu dem Zweck errichtet wurde, bei Gegensätzen, zu denen soziale Existenz unweigerlich führt, zu vermitteln"[30] und alle Bürger ohne Unterschied gleich zu behandeln.

---

27) Vgl. STOLBER, S. 32.
28) Vgl. KNIGGE, S. 18.
29) Vgl. STOLBER, S. 35.
30) PAUL M. SWEEZY, Theorie der kapitalistischen Entwicklung. Eine analytische Studie über die Prinzipien der Marxschen Sozialökonomie, Frankfurt 1970, S. 284 f.

Mit dem Funktionswandel des Staates vom Ordnungsgaranten zum Interventionsstaat, der mittlerweile über rund 40 % des Volkseinkommens verfügt[31], ging, insbesondere seit der Weltwirtschaftskrise und den Theorien von John Maynard Keynes (1936), eine beträchtliche Zunahme staatlicher Eingriffe ins Wirtschaftsleben einher.

Der Staat versucht, mit seiner Geld-, Steuer- und Ausgabenpolitik die gesamtwirtschaftliche Investitionsrate aus ihrer Abhängigkeit von der schwankenden Massenkaufkraft zu befreien und mittels einer staatlichen Nachfragepolitik zu stabilisieren.

Diese Politik der Planung der Makrorelationen, die den Wettbewerb nur noch für die Mikrorelationen vorsieht[32], setzt voraus, daß der Staat seine Handlungen an den Interessen der Wirtschaft ausrichtet[33]. Dies bedeutet jedoch gleichzeitig die überproportionale Berücksichtigung der Interessen eines kleinen Teils der Bevölkerung, der Unternehmer. Der Hinweis auf die Einkommens- und Vermögensverteilung[34] soll an dieser Stelle genügen.

Selbst Downs, der versucht hat, eine "Theorie der Entscheidungsfindung demokratischer Regierungen"[35] zu entwerfen, kommt bei der Entwicklung seines Modells zu dem Schluß, daß eine echte politische Gleichheit auch in Demokratien unmöglich ist[36] und daß demokratische Regierungen dazu neigen, in ihren Maßnahmen die Produzenten gegenüber den Konsumenten zu begünstigen[37].

---

31) Vgl. KOLMS, S. 133.
32) Devise der Globalpolitik vom früheren Wirtschaftsminister Schiller: JÖRG HUFFSCHMID, Die Politik des Kapitals. Konzentration und Wirtschaftspolitik in der Bundesrepublik, Frankfurt 1969, S. 120 f.
33) Vgl. GALBRAITH, Industriegesellschaft, S. 283 ff.; vgl. JOACHIM HIRSCH, Wissenschaftlich-technischer Fortschritt und politisches System, Frankfurt 1970, S. 55.
34) Vgl. WILHELM KRELLE u.a., Überbetriebliche Ertragsbeteiligung der Arbeitnehmer, Bd. 2, Tübingen 1968, S. 378 f.
35) ANTHONY DOWNS, Ökonomische Theorie der Demokratie, Tübingen 1968, S. 289 f.
36) Ebenda, S. 253 f.
37) Ebenda, S. 291 f.

Die von ihm angesprochene Rolle der Interessengruppen bei der Bestimmung staatlicher Handlungen wird beispielsweise von Olson[38] und v. Beyme[39] aufgegriffen und in ihrer Bedeutung herausgestrichen. Hierbei weist Olson in seiner Theorie der Gruppen nach, daß kleine Gruppen (z. B. Unternehmerverbände) eher in der Lage sind, ihre Interessen durchzusetzen, als große "latente" Gruppen (z. B. Gewerkschaften) oder gar die nicht-organisierten größten Gruppen, wie Konsumenten, Steuerzahler, Hausfrauen usw.[40].

Während die Vertreter des Pluralismus-Konzeptes das Ideal der politischen Gleichheit aller Bürger zugunsten der Vorstellung vom Kampf verschiedener Interessengruppen um Einfluß und Macht aufgegeben haben, vertreten die Marxisten die Klassenherrschaftstheorie[41].

Aufbauend auf den Erkenntnissen von Marx und Engels entwickelte Lenin[42] eine Staatstheorie, die davon ausgeht, daß die Klasse, die die Schlüsselpositionen im Produktionsprozeß innehat und Macht ausübt, versuchen wird, die Institution "Staat" als Instrument zur Aufrechterhaltung einer solchen Struktur von Eigentumsverhältnissen zu benutzen.

---

38) MANCUR OLSON (Jr.), Die Logik des kollektiven Handelns. Kollektivgüter und die Theorie der Gruppen, Tübingen 1968.
39) KLAUS v. BEYME, Interessensgruppen in der Demokratie, München 1969.
40) Vgl. OLSON, S. 28, 35, 141 f., 163 f.
41) Vgl. SWEEZY, S. 287 ff.
42) Siehe u.a. W. I. LENIN, Staat und Revolution. Die Lehre des Marxismus vom Staat und die Aufgaben des Proletariats in der Revolution (1917), Berlin 1969.

Neuere Vertreter der Klassenherrschaftstheorie, die die seitherige Entwicklung des Kapitalismus berücksichtigen, sehen im Staat eine Art ideellen Gesamtkapitalisten, der die langfristigen Interessen der Einzelkapitalisten vertritt und durchaus in der Lage ist, "Reformen" durchzuführen, wenn die langfristige Sicherung der Rendítenwirtschaft es erfordert[43]. Daß es nicht d i e marxistische Staatstheorie schlechthin gibt, zeigt die heftig geführte Sozialstaatsdiskussion[44].

Wenngleich die große Bedeutung und Notwendigkeit einer Staatstheorie im Rahmen der Diskussion der KNA als einer Entscheidungshilfe in der Hand des Staates unbestritten ist, wird hier auf eine weitergehende Diskussion verzichtet.

Zum einen geht es darum, aufzuzeigen, daß die der Wohlfahrtstheorie zugrundeliegende Staatsauffassung absolut unrealistisch und irreführend ist und demzufolge auch als politischer Hintergrund der KNA abgelehnt werden muß.

Andererseits zeigen sowohl der Pluralismus-Ansatz wie auch der marxistische Ansatz, daß staatliches Handeln interessengebunden ist, wobei letzterer die Ausrichtung an zufälligen und wechselnden Gruppenkonstellationen als Verschleierung ablehnt und von der grundsätzlichen Verfolgung der Interessen der Produktionsmittelbesitzer ausgeht.

In jedem Fall ist festzustellen, daß der Einsatz der KNA als Entscheidungshilfe für Handlungen des Staates nicht neutral ist[45].

---

43) Vgl. SWEEZY, S. 289 ff.
44) Siehe hierzu u.a. WOLFGANG MÜLLER und CHRISTEL NEUSÜSS, Die Sozialstaatsillusion und der Widerspruch von Lohnarbeit und Kapital, in: Sozialistische Politik, H. 6/7 (1970), S. 4 - 67.
45) W i e stark sich die Interessenbezogenheit der Entscheidungen widerspiegelt, kann nicht losgelöst von konkreten Projekten aufgezeigt werden.

2.2. ZIEL UND GRUNDPRINZIP

Wie bereits ausgeführt, operiert man bei den theoretischen Grundlagen der KNA mit der Annahme, daß das Ziel staatlichen Handelns die Maximierung der individuellen Wohlfahrt ist. Ebenfalls wurde gezeigt, daß diese mehrdimensionale Zielfunktion auf das Ziel der Maximierung des ökonomischen Wohlstandes reduziert wurde und mit einer weiteren Vereinfachung - durch die Annahme einer optimalen Einkommensverteilung -, daß das ursprünglich proklamierte Ziel durch das Ziel der Maximierung des Volkseinkommens angestrebt werden kann[46]. Demnach wird eine Kosten-Nutzen-Analyse ausschließlich auf die Effizienzkosten und -nutzen abgestellt, d. h. die Zielfunktion besteht in einer Erfassung bzw. Maximierung des gesamtwirtschaftlichen Produktivitätseffektes der Projekte[47].

Dieser Wechsel in der Zielfunktion, von der Wohlfahrtsmaximierung hin zur Sozialproduktmaximierung wird von einer Reihe von Autoren kritisiert, weil die vom Politiker angestrebten, in der Regel komplexen Zielvorstellungen damit ignoriert werden[48]. Maass meint hierzu: "Thus benefit-cost analysis may be largely irrelevant, or relevant to only a small part of the problems of evaluating public projects and programs"[49].

---

46) Dem liegt die - wie gezeigt - unrealistische Annahme zugrunde, daß das Kaldor-Hicks-Kompensationskriterium durch eine Erhöhung des Volkseinkommens erfüllt werden könne. Vgl. u.a. STEPHEN A. MARGLIN, Objectives of Water-Resource Development. A General Statement, in: Arthur Mass u.a., Design of Water-Resource Systems. New Techniques for Relating Economic Objectives, Engeneering Analysis and Governmental Planning, Cambridge, Mass. 1962, S. 20 ff.
47) Zu den Problemen der Messung der Zunahme und der Wahl geeigneter Kriterien, siehe STOLBER, S. 38 ff.
48) Vgl. GÜNTER LUDWIG, Möglichkeiten und Probleme der Anwendung von Kosten-Nutzen-Analysen bei Projekten der Wohngebietssanierung, Münster 1972, S. 10 (Institut für Siedlungs- und Wohnungswesen der Westfälischen Wilhelms-Universität Münster, Sonderdruck 52).
49) ARTHUR MAASS, Benefit-Cost Analysis: Its Relevance to Public Investment Decisions, in: The Quarterly Journal of Economics, Cambridge, Mass., 1966, S. 213.

Ohne die damit verbundenen Probleme negieren zu wollen, muß deutlich gesagt werden, daß mit der Verfolgung des Zieles der Volkseinkommensmaximierung, nicht-ökonomische Ziele und auch das Ziel der Einkommensumverteilung in der KNA unberücksichtigt bleiben.

Eine Milderung dieses Nachteils ist in Grenzen dadurch möglich, daß man das Hauptziel der Sozialproduktsmaximierung durch Nebenbedingungen (constraints) einschränkt[50]. Dennoch bleibt es ein Kennzeichen der praktischen Anwendung der Kosten-Nutzen-Analyse, daß die Bewertung und Rangordnung von Alternativen vorwiegend am Erfüllungsgrad des Allokationszieles ausgerichtet ist.

Die Maximierung des Nettonutzens, d.h. die Maximierung der Differenz zwischen dem Gegenwartswert aller Nutzen und Kosten, bleibt als abstraktes Planungskriterium solange eine Leerformel, bis nicht durch die Festlegung eines operationalen Zieles der Analyse eine Bestimmung der Kosten und Nutzen ermöglicht wird. Ohne Bezug auf ein konkretes Ziel haben Kosten und Nutzen lediglich instrumentalen Charakter[51].

Ein Vergleich von Kosten und Nutzen ist nur möglich, wenn beide auf die gleiche begriffliche Basis zurückgeführt werden können. Diese Forderung verbietet einen Rückgriff auf das betriebswirtschaftliche Begriffsinstrumentarium. Der Hauptgrund liegt darin, daß in der betriebswirtschaftlichen Definition[52] das Element der "Bewertung" ein Datum, in der Definition öffentlicher Kosten und Nutzen dagegen eher ein Problem darstellt. Es ist hierbei von ent-

---

50) Vgl. unter 2.3.2.
51) Vgl. STOLBER, S. 29.
52) "Unter Kosten versteht man den bewerteten Verbrauch von Sachgütern, Arbeits- und Dienstleistungen zum Zwecke der Erstellung betrieblicher Leistungen und gewisse Steuern, öffentliche Abgaben und Gebühren, sofern sie mit der Leistungserstellung in unmittelbarem Zusammenhang stehen", vgl. ERICH GUTENBERG, Einführung in die Betriebswirtschaftslehre, Wiesbaden 1958, S. 132.

scheidender Bedeutung, daß in der KNA vom Opportunitätskostenkonzept[53] ausgegangen wird. Die Opportunitätskosten des Einsatzes eines Produktionsfaktors werden durch den Nutzenverlust gemessen, der entsteht, wenn der Produktionsfaktor für das Projekt A und nicht für das nächstbeste Projekt B eingesetzt wird. Kosten und Nutzen haben somit die gleiche Dimension, sind also direkt vergleichbar[54]. Damit bieten sich folgende Definitionen an:

"Kosten sind das Ergebnis jeder Handlung, die jemanden zwingen, auf die sonst mögliche Realisierung eines oder mehrerer seiner Ziele[55] - für ihn fühlbar - ganz oder teilweise zu verzichten. Nutzen sind das Ergebnis jeder Handlung, die irgend jemanden - für ihn fühlbar - näher an eines oder mehrere seiner Ziele heranbringen"[56]. Hiermit zeigt sich, daß die Kosten-Nutzen-Analyse eigentlich ein Nutzen-Nutzen-Vergleich ist und daß die These von der leichteren Meßbarkeit der Kosten gegenüber den Nutzen[57] nicht gerechtfertigt ist.

Nach der Kennzeichnung des Hauptzieles der KNA und der Definition der Kosten und Nutzen kann nun das Grundprinzip recht kurz erläutert werden: Um eine Aussage über die Wirtschaftlichkeit eines öffentlichen Projektes zu machen, muß ein Vergleich zwischen den Kosten und den Nutzen angestellt werden. Bei einem solchen Vergleich müssen sämtliche Auswirkungen des Projektes erfaßt und

---

53) Vgl. unter 2.3.3., S. 28 ff.
54) KLAUS GRESSER, Das Planning-Programming-Budgeting System. Probleme der Anwendung bei der staatlichen Aufgaben- und Finanzplanung, München-Pullach und Berlin 1972, S. 56.
55) Für den Fall, daß sich der Entscheidungsträger ex ante nicht über seine Ziele im klaren ist, ergibt sich die Unmöglichkeit, eine Kosten-Nutzen-Analyse durchzuführen.
56) GUY KIRSCH und BERT RÜRUP, Die Notwendigkeit einer empirischen Theorie der Diskontierung in der Kosten-Nutzen-Analyse öffentlicher Projekte, in: Zeitschrift für die gesamte Staatswissenschaft, Bd. 127 (1971), S. 435.
57) Beispielsweise WITTMANN, S. 120.

entsprechend der Zielfunktion als Kosten oder Nutzen deklariert werden. Soweit möglich, werden diese gesamtwirtschaftlichen Kosten und Nutzen monetär bewertet, auf einen (Anfangs-) Zeitpunkt bezogen (diskontiert) und einander gegenübergestellt[58]. Der die Kosten übersteigende Nutzen stellt den sogenannten volkswirtschaftlichen Nettonutzen dar[59].

Von verschiedenen Projektalternativen ist dann die zu wählen, bei der die Differenz zwischen den diskontierten Kosten und Nutzen ein Maximum erreicht.

2.3. METHODISCHE PROBLEME

2.3.1. NOTWENDIGKEIT DER SUBOPTIMIERUNG

Wie im Kapitel über die Notwendigkeit der KNA ausgeführt wurde, steht die Forderung im Raum, die Staatsausgaben transparent zu machen und im Sinne einer ökonomischen Rationalität optimal aufzuteilen. Optimale Aufteilung heißt hier, den Idealfall zu schaffen, daß ein politisch entschiedenes, vorgegebenes Budget auf die einzelnen Ministerien, Ressorts und Programme derart aufgeteilt wird, daß die letzte jeweils ausgegebene Geldeinheit in allen Verwendungsarten den gleichen Grenznutzen stiftet und den Kosten der marginalen Steuern gleich ist[60].

---

58) Es ist ebenfalls möglich, den Quotienten aus Kosten und Nutzen zu bilden. Vgl. hierzu unter 2.3.6., S.46 f.

59) Dieses formale Grundkonzept der Kosten-Nutzen-Analyse kann auch durch Gleichungen beschrieben werden; vgl. hierzu ECKSTEIN, Water, S. 70-73, bzw. EGGELING, Nutzen-Kosten-Analyse, S. 32-35.

60) Vgl. STOLBER, S. 42 f.

In der Realität ist nun jede Optimierung unvollständig, und zwar aus folgenden drei Gründen[61]:

- Interne Unvollständigkeit der Entscheidungsgrundlagen: Da nicht alle relevanten Alternativen gleichzeitig aufgenommen und verglichen werden können, ist eine unvollständige Erfassung des Sachbereiches der Optimierung gegeben.

- Externe Unvollständigkeit der Entscheidungsgrundlagen: Es können nur einige Annahmen über das Auftreten und den Einfluß externer Ereignisse in der Analyse berücksichtigt werden.

- Unvollständige Zielansprache: Da die eigentlich zu maximierende Größe nicht vollständig in eine operationale Zielfunktion gefaßt werden kann, besteht die Notwendigkeit, ein unvollständiges Entscheidungskriterium wählen zu müssen.

Auf die optimale Aufteilung der Staatsausgaben bezogen, bedeutet das, daß ökonomisch rationale Budgetplanung mit Hilfe der KNA nicht möglich ist. Hinzu kommt das Argument, daß auf derart hohen Entscheidungsebenen die Bedeutung des ökonomischen Effizienzkriteriums immer fragwürdiger wird. Die Entscheidung über die Aufteilung der Ausgaben für Bildung, Gesundheit, Verkehr usw. kann nicht ausschließlich von Wirtschaftlichkeitsüberlegungen geprägt sein[62]; es handelt sich um im umfassenden Sinn politische Entscheidungen, die auch als solche gekennzeichnet werden sollten. Auf dieser Entscheidungsebene kann die KNA keinen Beitrag leisten.

Mit der gleichen Begründung ist die Anwendung auf der Ebene eines Unterbudgets in Frage zu stellen. Das Verkehrs-Ressort der Verwaltung einer Großstadt z. B. wird bei den Alternativen "U-Bahn" (öffentlicher Nahverkehr) oder "Schnellstraße" (Individualverkehr) mit einem Effizienzkriterium der KNA keine sinnvolle Entscheidung treffen können, obwohl sich beide Projekte unter dem Oberbegriff

---

61) Vgl. HARTMUT E. FEST, Zur gesamtwirtschaftlichen Konsistenz des Entscheidungskriteriums für die Auswahl öffentlicher Investitionen. Ein Beitrag zur theoretischen Grundlegung der gesamtwirtschaftlichen Nutzen-Kosten-Analyse, Berlin 1971, S. 18.
62) Vgl. KNIGGE, S. 21.

'Verkehrsplanung' zusammenfassen lassen. Zum einen spielen die nicht ökonomischen politischen Kriterien auf dieser Ebene noch eine zu große Rolle, zum anderen treten zuviel unvergleichbare intangible Werte bei jeder Alternative auf. Da die Bedeutung dieser nichtfaßbaren Effekte dann relativ abnimmt, wenn sehr ähnliche Projekte mit gleichen Arten von Intangibles verglichen werden, muß der Prozeß der Suboptimierung noch weiter fortgeführt werden.

"Erst innerhalb eines Sektors, verstanden als ein Bereich mit vergleichbaren Projekten, die alle denselben oder einen ähnlichen Zweck erfüllen, wird es sinnvoll, bei der Auswahl zwischen alternativen Projekten eine Kosten-Nutzen-Analyse durchzuführen und die Effizienz der Alternativen zu berechnen"[63].

Selbstverständlich sind die Entscheidungen der öffentlichen Hand selbst auf der untersten Ebene noch politisch. Das Spektrum der darin enthaltenen politischen Elemente ist jedoch oft kleiner und gibt dadurch dem Element "ökonomische Effizienz" ein größeres Gewicht, das dann eventuell die Durchführung einer KNA rechtfertigt.

Somit beginnt der eigentliche analytische Ansatz der KNA erst dort, wo die Hauptallokationsentscheidungen bereits gefallen sind. Statt der nicht näher bestimmbaren "high-level-Effizienz" beschränkt sie sich auf die Problematik der "low-level-Effizienz", oder auch "internen Effizienz"[64].

---

63) KNIGGE, S. 22.
64) Vgl. ELSHOLZ, S. 126.

Geographisches Institut
der Universität Kiel
Neue Universität

2.3.2. BERÜCKSICHTIGUNG VON NEBENBEDINGUNGEN

Ist die Suboptimierung ein 'Verfahren', unübersichtliche und zu komplexe Probleme handlich zu machen, so bedeutet die Einführung von Nebenbedingungen (constraints) das Abstecken des 'Rahmens', innerhalb dessen die KNA nur erfolgen kann.

Der Entscheidungsraum des Analytikers wird durch die zusätzliche Berücksichtigung anderer Zielsetzungen als der Effizienz eingeengt; das Ziel der ökonomischen Effizienz kann nur bis zu der durch die Nebenbedingungen gesetzten Grenze verfolgt werden.

Eckstein[65] unterscheidet vier Typen von Beschränkungen: a) gesetzliche, b) verwaltungsmäßige, c) verteilungspolitische und d) budgetbedingte Constraints.

Bei den gesetzlichen Constraints sind Vorschriften z. B. der Bauordnung, des Umweltschutzes, der Sicherheitsbestimmungen oder anderer Gesetze und Durchführungsverordnungen zu beachten. Da die Verwaltung im allgemeinen im Hinblick auf die Beschaffung und Verarbeitung von Informationen materiell und personell kapazitätsmäßig beschränkt ist, spricht man von Verwaltungs-Constraints.

Verteilungspolitische Beschränkungen können sich daraus ergeben, daß der politische Entscheidungsträger die Verteilung der Kosten und / oder Erträge vorschreibt, indem er z. B. Gebühren erhebt oder verlangt, daß eine ungleiche Ausstattung der Stadtteile mit bestimmten Infrastruktureinrichtungen vermieden werden soll. Die größte Bedeutung kommt sicherlich den Budgetbeschränkungen zu. Zumindest kurzfristig sind die Finanzmittel in der Regel festgelegt, und es gilt, innerhalb des vorgegebenen finanziellen Rahmens eine optimale Verwendung der Produktionsfaktoren zu gewährleisten. Ge-

---

65) Vgl. OTTO ECKSTEIN, A Survey of the Theory of Public Expenditure Criteria, in: Public Finance. Needs, Sources and Utilization, hrsg. vom National Bureau Committee for Economic Research, Princeton 1961, S. 450 ff.

wisse Investitionsträger können ihr Budget auch langfristig nicht oder nicht wesentlich erweitern, wenngleich anzunehmen ist, daß die Staatsausgaben allgemein auf längere Sicht nicht so stark fixiert sind (Möglichkeit von Steuererhöhungen, Anleihen etc.).

Zusätzlich sind vielleicht noch technische bzw. technisch-institutionelle Beschränkungen zu nennen, die sich aus der Mindestgröße bzw. Unteilbarkeit der Investitionen ergeben. Rein technische Beschränkungen sind z. B. die Größe von Abwasserleitungen in Abhängigkeit vom Abwasserleitungsnetz einer Stadt, technisch-institutionell[66] sind Beschränkungen zu nennen, die sich z. B. aus einer festgelegten Abhängigkeit der Investition bzw. Investitionseinheit zur Bevölkerungszahl ergeben (z. B. gute Ausnutzung eines Gymnasiums bei einem Mindest-Einzugsbereich von etwa 20.000 Einwohnern).

Das Vorhandensein von Beschränkungen verhindert eine optimum-optimorum-Lösung und erlaubt nur eine Aufteilung des Etats nach der "Second-Best-Methode"[67]. Dies bedeutet jedoch gleichzeitig, daß eine gesamtwirtschaftliche Effizienz der Staatsausgaben nicht gesichert ist. Es ist durchaus denkbar, daß die z. B. im Verkehrssektor verwendeten Ressourcen bei alternativer Verwendung, z. B. im Gesundheitssektor, einen größeren Nutzen erzielt hätten.

2.3.3. ERFASSUNG VON KOSTEN UND NUTZEN

Um die gesamtwirtschaftliche Vertretbarkeit eines Projektes feststellen zu können, müssen alle verursachten Kosten allen entstehenden Nutzen gegenübergestellt werden. Hieraus ergibt sich das Problem der E r f a s s u n g aller relevanten Effekte.

---

66) Vgl. STOLBER, S. 47.
67) Vgl. STEPHEN A. MARGLIN, The Opportunity Costs of Public Investment, in: Quarterly Journal of Economics, Cambridge, Mass., Vol. 77 (1963), S. 276.

Auf der Kostenseite bilden allein die sozialen Opportunitätskosten den theoretisch befriedigenden Maßstab, da sie den gesamtwirtschaftlich anfallenden Kosten entsprechen[68]. Die sozialen Opportunitätskosten (social opportunity cost) können definiert werden als der Wert entgangener Güter und Dienstleistungen, auf die verzichtet werden muß, weil Produktionsfaktoren durch Bau und Unterhaltung des Projektes gebunden werden und deshalb für alternative Verwendungen ausfallen[69].

Hinsichtlich der Herkunft der Mittel können zwei Fälle unterschieden werden.

- Die Mittel für das Projekt werden durch Umstrukturierung des öffentlichen Haushaltes gewonnen.
  In diesem Fall entstehen Kosten in Höhe des Nutzens der dadurch verdrängten öffentlichen Projekte.

- Die Mittel für das Projekt können jedoch auch durch Gebühren- oder Steuererhöhungen sowie Kreditaufnahme auf dem Kapitalmarkt beschafft worden sein. In diesem Fall würden dem privaten Sektor Ressourcen entzogen, die sonst anderweitig - entweder für Konsum oder Investitionen - verwendet worden wären, wobei sich letztere später ebenfalls in einen zeitlichen Konsumstrom verwandelt hätten. Wenn man diesen zeitlichen Konsumstrom mit einer sozialen Zeitpräferenzrate[70] (social time preference) abzinst, so erhält man den Gegenwartswert der privaten Investition, der dann die sozialen Opportunitätskosten für das Projekt darstellt.

---

68) Der Ansatz der direkten Kosten (Nominalkosten) ist theoretisch nicht zu billigen, da diese in der Regel niedriger sind. Vgl. EGGELING, Nutzen-Kosten-Analyse, S. 77.
69) Vgl. HELMUT HESSE, Die Nutzen-Kosten-Analyse, in: Wirtschaftsdienst, Jg. 49 (1969), S. 48. Über die Bedeutung der Verwendung einer Social-Opportunity-Cost-Rate als Diskontierungsrate siehe unter 2.3.5., S. 39 ff.
70) Die soziale Zeitpräferenzrate drückt die unterschiedliche Wertschätzung der Gesellschaft für ein Konsumgut zu verschiedenen Zeitpunkten aus. Vgl. MARTIN S. FELDSTEIN, Opportunity Cost Calculations in Cost-Benefit-Analysis, in: Public Finance, Den Haag, Vol. 19 (1964), S. 118.

Sowohl bezüglich der Wahl einer 'angemessenen' sozialen Zeitpräferenzrate, als auch bezüglich modelltheoretischer Ansätze zur Messung der Opportunitätskosten existieren in der Literatur verschiedene Vorschläge für komplizierte Berechnungsverfahren[71], die alle unterschiedliche Resultate ergeben, sich jedoch gemeinsam dadurch auszeichnen, Anforderungen zu stellen, die die Praxis wohl nie erfüllen kann.

Empirisch befriedigende Ansätze zur Bestimmung der Opportunitätskosten existieren bislang noch nicht.

Die alternative Verwendung der Mittel im privaten Sektor (Aufteilung in Konsum und Sparen) ist nicht bekannt, und selbst wenn sie es wäre, bestünde immer noch das Problem der Ermittlung und Messung der sozialen Produktivität privater Investitionen. Prest und Turvey[72] stellen fest, daß es bislang noch niemandem gelungen ist, gesamtwirtschaftliche Opportunitätskosten zu messen.

Als praktikable Lösung des Problems bieten sich die Nominalkosten[73] an. Da die Nominalkosten nur dann den gesamtwirtschaftlichen Kosten entsprechen, wenn die unrealistischen Annahmen der Gleichgewichtstheorie gegeben sind (Preise der Volkswirtschaft sind den marginalen Kosten gleich; keine externen Effekte in Produktion und Konsumtion; der betreffende Ressourceneinsatz ist quantitativ nicht so bedeutend, daß er das Preisniveau ändert; die Höhe des Budgets bestimmt sich nach den Effizienzverhältnissen des privaten und öffentlichen Sektors der Volkswirtschaft, es liegen keine unteilbaren Kollektivgüter und keine Etatbeschränkungen vor), werden mit den Nominalkosten in der Regel zu geringe Kosten ausgewiesen.

---

71) Vgl. ebenda, S. 117-139; DERSELBE, The Social Time Preference Discount Rate in Cost-Benefit Analysis, in: The Economic Journal, London, Vol. 74 (1964), S. 360 ff.; STEPHEN A. MARGLIN, The Social Rate of Discount and Optimal Rate of Investment, in: Quarterly Journal of Economics, Cambridge, Mass., Vol. 77 (1963), S. 95 ff.; DERSELBE, Opportunity Costs, S. 274 ff.; vgl. P. O. STEINER, Choosing Among Alternative Public Investments in the Water Resource Field, in: The American Economic Review, Evanston, Ill., 1959, S. 893 ff.; vgl. FEST, speziell Kap. II, §§ 6 und 10.

72) A. R. PREST und R. TURVEY, Kosten-Nutzen-Analyse: Ein Überblick, in: Nutzen-Kosten-Analyse und Programmbudget, hrsg. von Horst C. Recktenwald, Tübingen 1970, S. 106.

73) Nominalkosten: Wert der Güter und Dienste, die man für Investition, Ersatzinvestition und Vertrieb aufwendet (STOLBER, S. 71).

Der Nominalkostenansatz entspricht dem privatwirtschaftlichen Bewertungsansatz, der erhebliche Mängel aufweist[74]. Diese ergeben sich als Folge der staatlichen Steuerhoheit aus der Tatsache, daß der Staat volkswirtschaftliche Zusatzkosten ('social costs') verursacht, Subventionen zahlt und unteilbare Kollektivgüter anbietet, aber auch auf Grund der externen Effekte im Privatsektor, Monopolstellungen und anderen Unvollkommenheiten der Güter- und Faktormärkte. Diese gesamtwirtschaftlichen Zusammenhänge dürfen jedoch nicht unberücksichtigt bleiben, wenn man in der öffentlichen Wirtschaftlichkeitsrechnung die Kosten einigermaßen exakt erfassen will.

Die Klassifizierung der Kosten bzw. die damit verbundenen Begriffsinhalte sind vielfältig in der Literatur und voneinander abweichend[75]. Ohne diesen terminologischen Streit zu diskutieren, sei hier das folgende Schema zugrunde gelegt[76]:

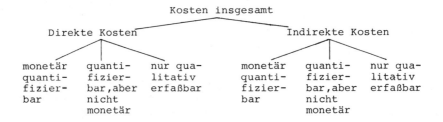

Wichtig ist hierbei, daß sich die Unterscheidung in direkte und indirekte Kosten am Projekt und nicht an der Betroffenheit[77] oder gar Kompetenz[78] orientiert. Direkte Kosten sind also Kosten, die

---

74) Vgl. STOLBER, S. 72.
75) Vgl. auch LUDWIG, Möglichkeiten, S. 15.
76) In Anlehnung an AXEL J. HALBACH, Theorie und Praxis der Evaluierung von Projekten in Entwicklungsländern. Eine Bestandsaufnahme, München 1972, S. 84.
77) McKean definiert indirekte (externe) Effekte (spillovers) als "impacts of action by some decisionmaking unit on the activities of others, impacts that are not directly felt by the first group" (McKEAN, Efficiency, S. 134).
78) "Handeln öffentliche wie private Entscheidungsträger, berücksichtigen sie nur die für ihren Kompetenzbereich maßgeblichen Nutzen und Kosten, dann sind diese als interne, die über den Verantwortungsbereich hinausgehenden als externe Effekte zu erfassen", LICHFIELD, zitiert nach LUDWIG, Möglichkeiten, S. 16.

sich aus dem Projekt selbst ergeben, indirekte Kosten sind Kosten, die durch Folge- oder Nebenwirkungen des Projektes entstehen. Daß eine saubere Trennung mitunter schwierig ist, kann nicht bestritten werden, doch gibt es erstens bei jeder anderen Klassifizierung ebenfalls Abgrenzungsschwierigkeiten und zweitens scheint mir eine Erfassung aller Kosten überhaupt wichtiger als eine gelegentlich unglückliche Klassifizierung zu sein.

Ebenfalls große Schwierigkeiten entstehen bei der Erfassung von mit den Kosten vergleichbaren N u t z e n größen[79]. Die Ermittlung des Nutzens öffentlicher Projekte ist deshalb so schwierig, weil deren Leistungen in der Regel nicht Gegenstand von Marktbeziehungen sind und daher keinen Preis haben, der die individuellen Wert- bzw. Nutzenvorstellungen widerspiegelt[80]. Um diese dennoch abzuschätzen, muß nach operationalen Indikatoren gesucht werden, die es ermöglichen, die nicht offengelegte Nachfragefunktion für staatliche Güter und Dienstleistungen zu bestimmen. Als Ausgangspunkt hierzu dient die "willingness to pay"-Methode[81].

Das Problem, die Zahlungsbereitschaft zu erfassen, kann durch zwei grundsätzliche Verfahren angegangen werden:

- Man ermittelt die Produktions- bzw. Einkommenssteigerungen, die aus der Investition resultieren. Beispiele hierfür finden sich im Verkehrs-, Gesundheits-, Bildungs- und Forschungswesen[82]. Der Nachteil der Methode besteht in der schwierigen Datenbeschaffung (Marktpreise) sowie deren zeitraubender und kostspieliger Auswertung.

---

79) Vgl. S. 22.
80) Vgl. GERHARD EGGELING, Nutzen-Kosten-Analysen bei öffentlichen Investitionen, in: Nutzen-Kosten-Analysen bei öffentlichen Investitionen, hrsg. von H. K. Schneider, Münster 1971, S. 17.
81) Zur Entwicklung dieses theoretischen Konzeptes siehe STOLBER, S. 73 ff.
82) Ebenda, S. 79.

- Man ermittelt die Kostenersparnisse. So können z. B. die Zeit- und Materialersparnisse der betroffenen Verkehrsteilnehmer als Erträge (Nutzen) von Verkehrswegen interpretiert werden[83]. Ein Spezialfall ist die Alternativkostenmethode, die den Nutzen eines Projektes an den gegenüber einem Alternativprojekt einsparbaren Kosten mißt[84], das den gleichen Zweck erfüllt.

Hierbei sind die Ertragsdefinitionen so zu wählen, daß den Erträgen Marktpreise als Ausdruck individueller Nutzenschätzungen zugeordnet werden können. Beide Methoden enthalten jedoch zwei grundlegende Schwächen[85]: Erstens beschreiben die unterstellten Ertragskonzepte die eigentlichen Ziele öffentlicher Ausgaben nur unvollständig, da zugunsten des Aspektes der Quantifizierbarkeit intangible Zielkomponenten, für die jedoch eine Zahlungsbereitschaft vorliegen kann[86], unberücksichtigt bleiben. Zweitens ist die Quantifizierbarkeit dieser Konzepte zunächst nur grundsätzlich möglich; der praktischen Anwendbarkeit werden durch fehlende Informationen (Statistiken) vielfach enge Grenzen gesetzt sein.

Gemeinsames Kennzeichen der bislang aufgezeigten Nutzenmessungen ist deren monetäre Bewertung. Mit zunehmender Marktferne der aus dem Projekt resultierenden Leistungen wird deren mengenmäßige Erfassung und Überführung in monetäre Größen immer schwieriger bzw. der Anteil der subjektiven Wertung des Analytikers immer größer. Gerade bei Projek-

---

83) Die Möglichkeit, die Zeit als Nutzenmaß zu verwenden, wurde ausgiebig von KARL GEORG ZINN untersucht, Basistheorie des ökonomischen Wohlstandes in der Demokratie. Die Interdependenz von Gleichheit, Zeit und Nutzen und die verteilungspolitische Konsequenz, Wiesbaden 1970, S. 73-208.
84) Vgl. ECKSTEIN, S. 52 f.; STOLBER, S. 79 ff.
85) Vgl. EGGELING, Nutzen-Kosten-Analyse, S. 38 f.
86) z. B. die Berücksichtigung des Bequemlichkeitsfaktors bei Maßnahmen im Verkehrswesen.

ten sanitärer, sozialer und kultureller Art[87], wie sie in besonderem Maße in der Stadtplanung auftreten, zeigt sich die Schwierigkeit, wenn nicht gar Unmöglichkeit, dieses Transformationsproblem zu lösen. Als Alternative bietet sich die Erfassung des Nutzens mit Hilfe nichtmonetärer, physischer Maßeinheiten an[88]. Die praktische Anwendbarkeit dieser Methode verlangt eine erfolgs- (output-) orientierte Definition und eine Beschränkung auf nicht mehr als zwei Nutzenmaßstäbe bzw. -indikatoren.

Eine Klassifikation der Nutzen erfolgt wie bei den Kosten nach folgendem Schema[89]

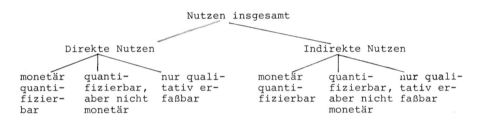

In den bisherigen Ausführungen zur Kosten- und Nutzen-Erfassung ist noch nichts darüber gesagt worden, in welcher Höhe die relevanten Vor- und Nachteile den jeweiligen Projekten zuzurechnen sind, bzw. wie vermieden werden kann, daß einem Projekt fälschlicherweise Erträge oder Kosten zugerechnet werden, die auch ohne das Projekt entstanden wären.

Die Ermittlung der Wirkungen (Kosten und Nutzen) eines Projektes erfolgen am besten nach dem "with-and-without-Prinzip"[90]. "Gemäß diesem Prinzip werden alle Veränderungen prognostiziert, die bei Projektrealisierung (with) wahrscheinlich auftreten (Wirkungsprognose) und den Effekten gegenübergestellt, die bei Unterlassung (without) zu

---
87) Vgl. H. K. SCHNEIDER, Entscheidungen nach Kalkül, in: Der Volkswirt, Jg. 22 (1968), Nr. 24, S. 30.
88) Vgl. LUDWIG, Möglichkeiten, S. 42 ff.
89) In Anlehnung an HALBACH, S. 85.
'90) Vgl. ECKSTEIN, Water, S. 50 ff.; NATHANIEL LICHFIELD, Cost-Benefit Analysis in City Planning, in: Journal of the American Institute of Planners, Baltimore, Vol. 26 (1960), S. 276.

erwarten sind (Problem- oder Status-quo-Prognose). Die Differenzen zwischen den Prognosewerten der Status-quo- und der Wirkungsprognose sind dem Projekt zuzuschreiben"[91].

Der bestechenden Logik des Verfahrens steht jedoch seine mangelhafte Praktikabilität gegenüber, die darin begründet ist, daß eine relativ genaue Voraussehbarkeit, Zurechen- und Meßbarkeit der Wirkungen öffentlicher Ausgaben kaum gegeben ist[92]. "Gerade für die Stadtplanung stellt sich dieses Problem, weil auf relativ engem Raum physische Aktivitäten und Personen in besonderem Maße miteinander verflochten sind"[93].

In der Praxis muß somit auf die Singulärprojektion und die ceterisparibus-Klausel bei der Prognose der relevanten Effekte zurückgegriffen werden.

2.3.4. BEWERTUNG VON KOSTEN UND NUTZEN

Nach der Erfassung der Wirkungen eines Projektes muß als nächstes eine vergleichbare Bewertung der Aufwendungen und Erträge vorgenommen werden. Dies geschieht durch die Umwandlung aller kosten- und nutzenwirksamen Effekte in monetäre Größen, d. h. in Preise. Während für p r i v a t e Investitionsrechnungen antizipierte Marktpreise maßgebend und ausreichend sind, ergeben sich bei der Bewertung ö f f e n t l i c h e r Projekte erhebliche Schwierigkeiten. Zum einen existieren für die Bewertung der Nutzen in der Regel keine Preise, zum anderen müssen die Preise dem Anspruch genügen, die Zahlungsbereitschaft der Individuen sowohl für die Produkte, auf die zugunsten des Projektes verzichtet werden muß (Kosten), als auch für die aus dem Projekt resultierenden Güter bzw. Dienstleistungen (Nutzen) widerzuspiegeln.

---
91) LUDWIG, Möglichkeiten, S. 27.
92) EGGELING, Nutzen-Kosten-Analyse, S. 39 f.
93) LUDWIG, Möglichkeiten, S. 27. Vgl. auch unter 3.3.2.

Welche Ausweichmöglichkeiten für die erste Schwierigkeit bestehen, wurde im vorigen Kapitel angedeutet. Das zweite Problem wäre durch den Ansatz von M a r k t p r e i s e n lösbar, wenn die Realität dem Modell der vollkommenen Konkurrenz entspräche. Da dies jedoch nicht der Fall ist[94], können die aktuellen Marktpreise höher oder niedriger als die tatsächliche Zahlungsbereitschaft der Individuen sein.

Es ist nun zu prüfen, ob die Anwendung "korrigierter" Marktpreise oder "Schattenpreise" zweckmäßig ist, mit denen man versucht, derartige Unvollkommenheiten auszugleichen. Hierzu wäre es notwendig, die vergleichbaren Wettbewerbspreise zu kennen, die ohne diese Einflüsse und Beschränkungen entstehen würden. Dies müßte wegen der allgemeinen Preisinterdependenz für jeden Produkt bzw. Faktorpreis erfolgen[95]. Gegen dieses komplizierte und kostspielige Verfahren gilt der berechtigte Einwand McKeans, daß "the presentation of refined discriminatory valuations might have the effect of concealing the uncertainty that attaches to cost-benefit estimates"[96]. Zudem sind den Erfolgsaussichten derartiger komplizierter Verfahren durch das begrenzte Wissen um ökonomische Zusammenhänge enge Grenzen gesetzt. Neben der Methode, korrigierte Marktpreise anzusetzen, führt Eggeling[97] noch drei weitere Ansätze auf, Marktpreise durch Schattenpreise zu ersetzen:

---

94) In der Realität können durch Monopolstellungen die Preise der Volkswirtschaft nicht mehr ihren gesamtwirtschaftlichen Grenzkosten entsprechen; bedeutende marktexterne Effekte treten im Produktions- und Konsumbereich auf; Steuern, Kontrollen und Kollektivgüter sind gegeben; die Vollbeschäftigung aller Produktionsfaktoren kann nicht grundsätzlich vorausgesetzt werden, usw.
95) Vgl. EGGELING, Nutzen-Kosten-Analyse, S. 51.
96) McKEAN, Efficiency, S. 176.
97) Vgl. EGGELING, Nutzen-Kosten-Analyse, S. 52 f.

- Die nicht sehr weit führende Möglichkeit, Preise mit Hilfe von Programmierungstechniken abzuleiten;

- die Möglichkeit der Übernahme von beobachteten Preisrelationen für ähnliche Güter am selben Markt bzw. von gleichen Gütern auf Märkten an anderen Orten;

- die Möglichkeit, Preise anzuwenden, die in anderen öffentlichen Entscheidungen impliziert sind.

Da es noch kein praktikables Kriterium zur Beurteilung bzw. Kennzeichnung der "richtigen" Preise gibt, besteht die Gefahr, daß die irgendwie errechneten "Schattenpreise zu ähnlichen Verzerrungen im effizienten Einsatz der Produktionsfaktoren führen, wie Marktpreise"[98].

Angesichts dieser Schwierigkeiten wird in der Literatur[99] empfohlen, bei der praktischen Anwendung der Kosten-Nutzen-Analyse grundsätzlich eine Bewertung zu Marktpreisen vorzunehmen, bei ganz offensichtlichen Unvollkommenheiten jedoch Korrekturen dieser Preise durchzuführen.

Als grobe Fälle, in denen die Marktpreise nicht die tatsächlichen Knappheitsverhältnisse der Faktoren widerspiegeln, und in denen sie dann korrigiert werden müssen, werden folgende Beispiele genannt:

---

98) PAUL G. JANSEN, Infrastrukturinvestitionen als Mittel der Regionalpolitik, Gütersloh 1967, S. 66.
99) Vgl. ROLAND N. McKEAN, The Use of Shadow Prices, in: Problems of Expenditure Analysis, hrsg. von S. B. Chase, Washington 1968, S. 38; ECKSTEIN, Water, S. 29; KRUTILLA - ECKSTEIN, S. 73; LUDWIG, Möglichkeiten, S. 33; EGGELING, Nutzen-Kosten-Analyse, S. 53.

- Rentenelemente, die in den Preisen der Faktoren enthalten sind[100].

- Im Fall der Unterbeschäftigung[101] muß mit einem gegenüber dem Marktlohn tieferen Kalkulationslohn, im Falle der Überbeschäftigung mit einem höheren gerechnet werden[102]; Einschränkungen hierzu macht Stohler geltend[103].

- Veränderungen der relativen Preise (Preisstruktur) müssen berücksichtigt werden, nicht aber Veränderungen des allgemeinen Preisniveaus[104]. Eine unterschiedliche Behandlung verlangen Bewertungsprobleme bei Preisänderungen infolge der Projektgröße[105].

- Steuern und Subventionen des Staates können bei bestimmten Projekten eine Bedeutung erlangen, die ebenfalls eine Korrektur der Marktpreise erfordert[106].

---

100) Vgl. PREST - TURVEY, Cost-Benefit Analysis, S. 691; STOLBER, S. 72,
101) Grundsätzliche Gedanken hierzu bringen NEVIUS D. BAXTER u.a., Unemployment and Cost-Benefit Analysis, in: Public Finance, Den Haag, Vol. 24 (1969), S. 80-88.
102) Vgl. RENÉ L. FREY, Infrastuktur. Grundlagen der Planung öffentlicher Investitionen, Tübingen und Zürich 1970, S. 111; und mit Kritik: PREST - TURVEY, Kosten-Nutzen-Analyse, S. 114 f.
103) Vgl. JAQUES STOHLER, Zur Methode und Technik der Cost-Benefit Analyse, in: Kyklos, Basel, Vol. 20 (1967), S. 241 f.
104) Vgl. FREY, S. 111; EGGELING, Nutzen-Kosten-Analysen, S. 21; LUDWIG, Möglichkeiten, S. 33 f. Gegenteiliger Meinung hierzu ist Turvey. Er schlägt vor, die geschätzte Inflationsrate von der Diskontrate abzuziehen, also beispielsweise statt mit 4 % Preissteigerung und 12 % Diskontrate gleich mit einer 8 %-igen Diskontrate zu arbeiten. Vgl. RALPH TURVEY, On the Development of Cost-Benefit Analysis, in: Cost-Benefit-Analysis. A Symposium held in The Hague in July, 1969, under the Aegis of the NATO Scientific Affairs Committee, hrsg. von M. G. Kendall, London (1971), S.8.
105) Vgl. EGGELING, Nutzen-Kosten-Analyse, S. 54 ff.
106) Vgl. STOLBER, S. 91 ff.; PREST - TURVEY, Kosten-Nutzen-Analyse, S. 113 f.

Diese Ausführungen beziehen sich auf den Teil der Kosten und Nutzen, der quantifizierbar und monetär bewertbar ist. Wie wird jedoch mit den Kosten und Nutzen verfahren, die entweder zwar quantifizierbar aber nicht monetär bewertbar - z. B. Verkehrstote - oder aber überhaupt nur qualitativ definierbar (intangibel) - z. B. Schönheit der Landschaft - sind?

Die vereinzelt vorgeschlagene Lösung, sie einfach zu ignorieren, ist sicherlich nicht nur unbefriedigend, sondern stellt den Wert einer Kosten-Nutzen-Analyse an sich in Frage[107].

Dem Vorschlag, zu versuchen, möglichst viele dieser Elemente über Hilfsgrößen doch monetär bewertbar zu machen, ist angesichts der hierzu angebotenen Praktiken[108] mit Skepsis zu begegnen.

Letztlich bleibt wohl nur die nähere B e s c h r e i b u n g von Art, Ausmaß und Qualität dieser Kosten und Nutzen, sowie Umfragen analog der Konsumentenbefragung, die Delphi-Methode u.a.m.[109].

Die Gefahr des Eigenlebens und der Nichtbeachtung dieser rein verbalen Teile der Analyse ist natürlich groß. Margolis stellt hierzu fest: "The intangibles are recognized but barely analysed"[110].

---

107) Vgl. McKEAN, Efficiency, S. 62.
108) Vgl. JAMES C. T. MAO, Efficiency in Public Urban Renewal Expenditures Through Benefit-Cost Analysis, in: Journal of the American Institute of Planners, Baltimore, Vol. 32 (1966), S. 95-107. Kritik dazu in:
DAVID A. GOOD, Cost-Benefit and Cost-Effectiveness Analysis: Their Application to Urban Public Services and Facilities. RSRI Discussion Paper Series No. 47, Philadelphia, Regional Science Research Institute, July 1971, S. 20 f.
109) Vgl. STOLBER, S. 91.
110) JULIUS MARGOLIS, The Economic Evaluation of Federal Water Resource Development. A Review Article, in: The American Economic Review, Evanston, Ill.,1959, S. 99.

2.3.5. ZEITMOMENT

Bei dem in der KNA zu berücksichtigenden Zeitmoment ist zu unterscheiden zwischen Unsicherheit der Analyse als solcher und dem mehr speziellen Problem der Bestimmung eines Diskontsatzes für die Abzinsung von Kosten und Nutzen.

Dem ersten Punkt liegt das Problem zugrunde, daß sich die wirtschaftliche Lebensdauer von öffentlichen Projekten über lange Zeiträume, oft Dekaden, erstreckt, sichere Aussagen über die Zukunft, d. h. die zukünftige Entwicklung der die Analyse bestimmenden Parameter jedoch unmöglich sind.

Man unterscheidet zwei Formen der Unsicherheit:
das Risiko und die "reine" Unsicherheit. Die mit Methoden der Statistik meßbaren Unsicherheiten, wie z. B. die Bevölkerungsentwicklung, mit denen die Wahrscheinlichkeit einer Entwicklung oder des Eintritts eines Ereignisses angegeben werden kann, wird Risiko genannt[111].

Fehlen Vorstellungen über die Eintrittswahrscheinlichkeiten der möglichen Umweltsituationen[112], d. h. treten die in der Zukunft liegenden Ereignisse gänzlich zufällig und willkürlich auf, wie z. B. Katastrophen, Marktverschiebungen oder technische Veränderungen, so liegt "reine" Unsicherheit vor[113].

---

111) Vgl. STOLBER, S. 96.
112) Vgl. WERNER KIRSCH, Entscheidungsprozesse. Bd. 1, Verhaltenswissenschaftliche Ansätze der Entscheidungstheorie, Wiesbaden 1970, S. 29.
113) Vgl. ECKSTEIN, Survey, S. 468 ff. Ludwig unterscheidet noch weiter zwischen einer subjektiven und einer objektiven Unsicherheit. Vgl. hierzu LUDWIG, Möglichkeiten, S. 58 f.

Beide Arten von Unsicherheit sind verschieden voneinander; während das Risiko u. U. sehr gering oder gleich Null sein kann, bleibt die unbestimmbare "reine" Unsicherheit immer bestehen. Diese theoretisch gerechtfertigte Trennung ist jedoch in der Praxis kaum durchzuführen; beide Unsicherheitsberechnungen werden aus meßtechnischen Gründen gemeinsam behandelt[114].

In einem ersten Schritt werden jene Einflußfaktoren bestimmt, deren Variation wahrscheinlich zu entscheidenden Veränderungen der Kosten-Nutzen-Analyse führt[115].

Als methodisches Hilfsmittel zur Messung dieser Veränderungen bietet sich die Sensitivitätsanalyse[116] an, mit der man das Ausmaß der jeweiligen Variationen eines Einflußsektors auf die Analyse bei Konstanz der anderen Faktoren zu erfassen versucht.

Zur Berücksichtigung dieser Unsicherheiten in der KNA bieten sich folgende Methoden an:

- Treten die Erwartungen im Zeitablauf unregelmäßig auf, so kann mit Ab- oder Zuschlägen auf die Kosten und Nutzen gearbeitet werden[117]. Diese Unsicherheitszuschläge sind jedoch umstritten, da unklar ist, wovon sie abgeleitet werden sollen.

---

114) Zur Auswirkung von Fehlern und deren Fortpflanzung in Voraussagemodellen siehe: WILLIAM ALONSO, Predicting Best With Imperfect Data, in: Journal of the American Institute of Planners, Baltimore, Vol. 34 (1968), S. 248-255. Deutsche Übersetzung: Bestmögliche Voraussagen mit unzulänglichen Daten, in: Stadtbauwelt 21 (1969), S. 30-34.
115) Vgl. LUDWIG, Möglichkeiten, S. 61.
116) Vgl. unter 2.3.7.
117) Vgl. STOLBER, S. 99.

- Eine andere Möglichkeit liegt in der Verkürzung des Zeithorizontes, bis zu dem die Kosten und Nutzen vorausgeschätzt werden[118]. Diese Verkürzung der Investitionsdauer ist jedoch nicht unbedenklich[119] und kann zu Fehlplanungen führen.

- Die gleichen Überlegungen liegen dem Vorschlag zugrunde, den Kalkulationszinsfuß zu erhöhen[120]. Bei dieser Lösung, die dem Problem nur sehr global Rechnung trägt, bleiben die Höhe und der Zeitpunkt des Zuschlages wieder subjektive Entscheidungsparameter.

Es zeigt sich, daß die oben skizzierten Möglichkeiten nicht unbedenklich sind. Neben dem sehr vagen weiteren Vorschlag, durch Verbesserung des Informationsstandes und durch die intensivere Koordinierung der Aktivitäten[121] tendenziell den Unsicherheitsbereich der Analyse zu verringern, steht der Vorschlag McKeans[122] im Raum, die Unsicherheitselemente, ähnlich den nicht monetär bewertbaren Kosten und Nutzen, verbal aufzuführen und die Bewertung dem politischen Entscheidungsträger zu überlassen.

Die zweite Komponente bei der Berücksichtigung des Zeitmoments in Kosten-Nutzen-Analysen stellt die Bestimmung des Diskontsatzes dar. Es geht hierbei um die Suche nach einem adäquaten Zinssatz, mit dem die in Zukunft anfallenden Kosten- und Nutzenströme auf den Gegenwartszeitpunkt abdiskontiert und damit untereinander vergleichbar gemacht werden können.

Die Bedeutung des Diskontsatzes im Rahmen einer KNA ist, insbesondere bei sehr langfristigen Projekten, erheblich, und die Wahl des "richtigen" Diskontsatzes gehört zu den umstrittensten Teilfragen des Kosten-Nutzen-Konzeptes[123].

---

118) Vgl. LUDWIG, Möglichkeiten, S. 61 f.
119) Vgl. ECKSTEIN, Water, S. 91 ff.
120) Vgl. HORST ALBACH, Wirtschaftlichkeitsrechnung bei unsicheren Erwartungen, Köln und Opladen 1959, S. 79.
121) Vgl. LUDWIG, Möglichkeiten, S. 62.
122) Vgl. McKEAN, Efficiency, S. 67.
123) Vgl. STOLBER, S. 100.

Im folgenden werden lediglich die grundsätzlichen Standpunkte kurz skizziert, auf eine ausführliche Diskussion der vorgebrachten Argumente wird verzichtet.

Die in der Literatur zu findenden Ansätze gründen sich auf zwei grundsätzlich verschiedene Ausgangspositionen:

- den individualistischen Quantifizierungsansatz und

- den politischen Quantifizierungsansatz.

Im ersten Fall glaubt man die soziale Zeitpräferenz aus der individuellen Grenzrate der Substitution von Gegenwarts- und Zukunftskonsum ableiten zu müssen. Dieser auf die neoklassische Zinstheorie zurückzuführende Ansatz geht davon aus, daß mit dem Marktzins die für alle Investitionen verbindliche Zeitpräferenz vorgegeben sei[124].

Die Vertreter des zweiten Ansatzes verneinen die Abhängigkeit der sozialen Zeitpräferenz von individuellen Präferenzen und stellen die These auf, daß die Diskontrate eine politisch zu bestimmende Größe sei[125].

Jede dieser Ausgangspositionen läßt mehrere Möglichkeiten zu, Diskontsätze zu bestimmen. Der individualistische Ansatz[126], der einen Marktzinsfuß verlangt, läßt im wesentlichen drei Diskontsätze zu:

- Den Zinssatz für langfristige Staatsanleihen. Dieser Ansatz ist abzulehnen, weil der Kapitalmarktzins nicht die wahren Knappheitsverhältnisse wiedergibt, Geldmarkteinflüsse diesen Zins überlagern,

---

124) ELSHOLZ, S. 166.
125) STOLBER, S. 101.
126) Vertreter dieser Richtung sind J. HIRSHLEIFER, J. C. de HAVEN und J. W. MILLIMAN, Water Supply. Economics, Technology and Policy, Chicago und London 1966, S. 144; TILLO E. KUHN, Public Enterprise, Economics and Transport Problems, Berkeley und Los Angeles 1962, S. 101 f., und McKEAN, Efficiency, S. 74 ff.

unterschiedliche Risikoprämien gezahlt werden und die öffentliche Hand sich das Investitionskapital nur zu einem kleinen Teil über den Kapitalmarkt beschafft[127].

- Die Produktivitätsrate privater Investitionen. Dieser Ansatz ist abzulehnen, da er nicht die volkswirtschaftliche Produktivität des Kapitals angibt[128]. Der gleiche Einwand gilt auch für McKeans[129] Vorschlag, im Falle einer vorliegenden Budgetbeschränkung den marginalen internen Zinsfuß als Diskontrate zu wählen.

- Die Rate der volkswirtschaftlichen Opportunitätskosten. Sie weist weitgehend alle Eigenschaften eines hypothetischen vollkommenen Kapitalmarktzinsfußes auf[130] und wird von vielen Autoren akzeptiert, wenngleich Eckstein feststellt, daß diese Rate "nicht mehr ist, als ein empirischer Näherungswert an die gewünschte Größe, da sie keinen gesamtwirtschaftlichen Diskontsatz enthält"[131].

Unter den Vertretern des politischen Ansatzes finden sich zwei Gruppen; die eine, die für eine staatlich-autoritäre Festsetzung eintritt und eine, die die soziale Zeitpräferenzrate in einem politisch-demokratischen Prozeß bestimmt sehen will.

Die Argumente der ersten Gruppe[132] laufen darauf hinaus, daß individuelle Belange am besten durch administrative Anweisungen verwirklicht werden; die Regierung benötigt nicht die Zustimmung für jede einzelne Handlung, da sie eine Art Blankovollmacht für alle ihre Handlungen habe[133]. Demzufolge könne sie, in Einzelfällen notfalls auch ohne Konsens mit der öffentlichen Meinung, eine soziale Zeitpräferenz festlegen[134].

---

127) Vgl. STOLBER, S. 101.
128) Vgl. FELDSTEIN, Opportunity Cost, S. 123 ff.
129) Vgl. McKEAN, Efficiency, S. 74 ff.
130) WILLIAM L. MILLER, The Magnitude of Discount Rate for Government Projects, in: Southern Economic Journal, Chapel Hill, Vol. 28 (1962), S. 351.
131) ECKSTEIN, Survey, S. 461.
132) Vertreter dieser Gruppe sind u.a. A. C. PIGOU, The Economics of Welfare, 4. Aufl. London 1960, S.23 ff.; MAURICE DOBB, An Essay on Economic Growth and Planning, London 1960, Kap. 2; FELDSTEIN, Social Time Preference Discount Rate, S. 367.
133) Vgl. FELDSTEIN, ebenda.
134) ELSHOLZ, S. 167.

Die Anhänger des politisch-demokratischen Ansatzes[135] vertreten die Ansicht, daß die Regierung primär die Zeitpräferenzen der gegenwärtigen Gesellschaft zu berücksichtigen habe. Marglin[136] schlägt beispielsweise vor, die von der Regierung angestrebte Wachstumsrate des Sozialproduktes zur Grundlage der Berechnung der sozialen Zeitpräferenzrate zu machen, wobei die Rendite der unergiebigsten, aber noch benötigten Investition im Rahmen der angestrebten Wachstumsrate den sozialen Diskontsatz darstellt[137]. Feldstein[138] hat jedoch gezeigt, daß die Wachstumsrate des Sozialprodukts und der Zinssatz nur unter sehr speziellen Annahmen identisch sind.

Das Fazit aus den obigen Überlegungen und Stellungnahmen ist, daß keine der dargestellten Ansätze eine sowohl theoretisch als auch empirisch überzeugende Lösung liefert. Elsholz[139] stellt fest, daß es an einer empirisch gehaltvollen Theorie der Diskontierung fehlt, die Hypothesen über die faktische Bildung der sozialen Zeitpräferenzrate enthält, auf deren Grundlage eine rationale Festlegung des Diskontsatzes möglich wird[140], und Marglin[141] glaubt nicht, daß in naher oder ferner Zukunft ein Weg gefunden werden kann, den richtigen Diskontsatz für öffentliche Investitionen zu bestimmen.

---

135) Vgl. ECKSTEIN, Survey, S. 453 ff.; JAN TINBERGEN, The Optimal Rate of Saving, in: The Economic Journal, London, Vol. 64 (1956), S. 603 ff.; MARGLIN, Social Rate, S. 95 ff.
136) Vgl. MARGLIN, Social Rate, S. 109 ff.
137) Vgl. STOLBER, S. 104.
138) Vgl. MARTIN S. FELDSTEIN, The Derivation of Social Time Preference Rates, in: Kyklos, Basel, Vol. 18 (1965), S. 277 ff.
139) ELSHOLZ, S. 52.
140) Einen ersten Schritt dorthin haben inzwischen Kirsch und Rürup gemacht: KIRSCH - RÜRUP, S. 432-458.
141) STEPHEN A. MARGLIN, Diskontsatz und öffentliche Investition, in: Nutzen-Kosten-Analyse und Programmbudget, hrsg. von Horst C. Recktenwald, Tübingen 1970, S. 153.

Auf welch unterschiedlicher Grundlage und mit welcher Bandbreite in
den Ergebnissen Regierungsstellen Diskontraten ermittelt und verwendet haben, zeigt eine Studie von Staats[142]. Die Diskontierungsraten
von 23 ausgewählten Bundes-Regierungsstellen in den USA schwankten
zwischen 3 und 12 Prozent[143]! Da Schwankungen von wenigen Prozent,
wie Baumol[144] gezeigt hat, den Stellenwert eines Projektes entscheidend verändern können, wird die Bedeutung der Wahl eines "richtigen"
Diskontsatzes deutlich. Zur Zeit scheint es keine bessere Empfehlung
zu geben, als die Rechnung mit mehreren Diskontsätzen durchzuführen,
um dem politischen Entscheidungsträger dann die endgültige Entscheidung zu überlassen.

2.3.6. INVESTITIONSKRITERIEN

Wenn die Kosten- und Nutzenverläufe durch Abdiskontierung auf den
Gegenwartswert gebracht worden sind, muß ein Effizienzkriterium gefunden werden, das eine Aussage über die Wirtschaftlichkeit der Projekte erlaubt.

---

142) ELMER B. STAATS, Survey of Use by Federal Agencies of the Discounting
 Technique in Evaluating Future Programs, in: Program Budgeting and
 Benefit-Cost Analysis. Cases, Text and Readings, hrsg. von H. H. Hinrichs
 und G. M. Taylor, Pacific Palisades, Cal., 1969, S. 212-228.
143) ELMER B. STAATS, Interest Rate Guidelines for Federal Decisionmaking, in:
 Readings in Economics, hrsg. von Heinz Kohler, 2. Aufl. New York 1969,
 S. 164.
144) Vgl. WILLIAM J. BAUMOL, On the Appropriate Discount Rate for Evaluation
 of Public Projects, in: Program Budgeting and Benefit-Cost Analysis.
 Cases, Text and Readings, hrsg. von H. H. Hinrichs und G. M. Taylor,
 Pacific Palisades, Cal., 1969, S. 202.

Die rechnerischen Verfahren zur Bestimmung der Vorteilhaftigkeit einzelner bzw. alternativer Projekte stimmen weitgehend mit denen der privatwirtschaftlichen Investitionsrechnung[145] überein.

Allen Rechentechniken liegen folgende Annahmen zugrunde[146]:

- Kenntnis aller Kosten- und Nutzenprofile in der Zeit

- eindeutige Zurechnung der Kosten- und Nutzenströme auf die Projekte

- ausschließlich monetärer Wertansatz.

Hier sollen nur die vier grundsätzlichen Verfahren vergleichend dargestellt werden, die in Hinblick auf die Anwendung in der KNA in der Literatur diskutiert werden. Es sind dies[147]:

a) Vergleich des Verhältnisses des Gegenwartswertes kapitalisierter Nutzen und Kosten (Verhältnismethode).

b) Vergleich des internen Zinsfußes mit dem Kalkulationszinsfuß (Interne Zinsfußmethode).

c) Vergleich des jährlichen Reinertrages, diskontiert zu dem Kalkulationszinsfuß (Annuitätenmethode).

d) Vergleich der Differenz des Gegenwartswertes der kapitalisierten Nutzen und Kosten (Kapitalwert- oder Diskontierungsmethode).

Grundsätzlich unterscheiden sich die Verfahren dadurch, daß die Nutzen und Kosten entweder als Quotient (a, b, c) oder als Differenz (d) gegenübergestellt werden. Im folgenden sollen die Methoden selbst nur kurz skizziert werden, auf ausführlichere Darstellungen in der Literatur wird verwiesen.

---

145) Zu den verschiedenen Verfahren der Investitionsrechnung siehe z. B.: ERICH SCHNEIDER, Wirtschaftlichkeitsrechnung. Theorie der Investition, 7. Aufl. Tübingen und Zürich 1968, Kap. II. Vgl. auch MATHIAS HEISTER, Rentabilitätsanalyse von Investitionen. Ein Beitrag zur Wirtschaftlichkeitsrechnung, Köln und Opladen 1962.
146) Vgl. LUDWIG, Möglichkeiten, S. 64.
147) Vgl. STOLBER, S. 52.

Zu a) Die Verhältnismethode[148]:

Hier gilt es, den Barwert aller Erträge zu ermitteln und diesen durch den Barwert aller Kosten zu dividieren. Das Ergebnis ist der Quotient aus den diskontierten Einnahme- und Ausgabeströmen, die sogenannte Ertrags-Kosten-Relation. Alle Projekte, die ein Nutzen-Kosten-Verhältnis unter 1.0 haben, sind ineffizient, von mehreren Investitionen ist die mit dem höheren Quotienten die bessere.

Diese Methode hat den Nachteil, daß einerseits über die absolute Größe von Kosten und Erträgen und damit über den absoluten Gewinn keine Aussage gemacht wird und andererseits bestimmte, oft unrealistische Voraussetzungen gegeben sein müssen, wie z. B. eine möglichst einheitliche Struktur der Kosten, keine extreme Variation in der Kapitalintensität, etwa gleiche Unsicherheitsgrade der Nutzen und eine etwa gleich große Lebenserwartung der Projekte[149].

Zu b) Interne Zinsfußmethode[150]:

Bei dieser Methode ist nicht mehr der Zins vorgegeben, sondern die gesuchte Größe. Unter dem internen Zinsfuß einer Investition ist derjenige Zinsfuß zu verstehen, bei dem der Gegenwartswert aller Kosten- und Nutzenströme gleich Null ist (bzw. das Nutzen-Kosten-Verhältnis = 1). Diesem Konzept liegt der Versuch zugrunde, eine Art "Wachstumsrate der in einem Investitionsprojekt gebundenen Ressourcen zu finden, die als 'interner' Maßstab einen Vergleich der Vorteilhaftigkeit eines Projektes in bezug auf eine hypothetische alternative Finanzinvestition zum 'externen' Kapitalmarktzins zulassen soll"[151].

---

148) Vgl. HALBACH, S. 21 f.; STOLBER, S. 52 ff.; MANFRED TIETZEL, Die Effizienz staatlicher Investitionsentscheidungen im Verkehrssektor. Eine Analyse methodischer und praktischer Probleme staatlicher Allokationsentscheidungen im Verkehrssektor, Diss. Bern, Frankfurt 1972, S. 29 ff.
149) Vgl. ECKSTEIN, Water, S. 55.
150) Vgl. HALBACH, S. 23 f.; STOLBER, S. 54 ff.; TIETZEL, S. 31 ff.; LUDWIG, Möglichkeiten, S. 65 ff.
151) TIETZEL, S. 31.

Bei diesem Verfahren ergibt sich die Reihenfolge alternativer Projekte aus der Höhe ihres internen Zinsfußes. Aus den Begründungen der Ablehnung dieser Methode durch die meisten Autoren[152] sei nur folgendes aufgeführt: Es gibt Investitionen, denen mehrere interne Zinsfüße zukommen, es gibt sogar Investitionen, die negative Zinsfüße haben, zudem ist die Berechnung der internen Zinsfüße exakt nicht möglich und approximativ schwierig.

Zu c) Annuitätenmethode[153]:

Dieses Verfahren besagt, daß diejenigen Projekte durchgeführt werden sollen, für die die durchschnittlichen jährlichen Nutzen die durchschnittlichen jährlichen Kosten übersteigen, wobei Nutzen und Kosten mit dem Kalkulationszinsfuß diskontiert werden. Da die Annuitätenmethode vom Kapitalwertverfahren abgeleitet ist und Berechnungen voraussetzt, die ohne weiteren Umweg direkt zur Ermittlung des Kapitalwerts führen, steht und fällt sie mit der Beurteilung dieser Methode[154].

Zu d) Kapitalwert- und Diskontierungsmethode[155]:

Bei diesem, von den meisten Autoren empfohlenen[156] Verfahren gilt es, den Kapital- oder Gegenwartswert einer Investition zu bestimmen, indem man die Differenz aus der Summe aller auf den Zeitpunkt t_0 diskontierten Nutzen und der aller diskontierten Kosten ermittelt. Von den zur Auswahl stehenden Projekten ist das mit dem höchsten Kapitalwert auch das mit der größten ökonomischen Vorteilhaftigkeit. Dem Einwand, daß dieses Kriterium die Wahl großer Projekte gegenüber kleinen begünstige, kann damit begegnet werden, daß man den ermittelten Kapitalwert in einen Kapitalwert je DM Anfangsinvestition umrechnet[157]. Wenn auch diese Methode nicht frei von Einwänden und Bedenken ist[158], so ist doch das Kapitalwertkriterium (bzw. das Annuitätenkriterium) nach Flemming und Feldstein den anderen Methoden

---

[152] Vgl. STOLBER, S. 56, und TIETZEL, S. 31 ff.
[153] Vgl. SCHNEIDER, S. 25.
[154] Vgl. STOLBER, S. 56.
[155] Vgl. HALBACH, S. 17; STOLBER, S. 57; TIETZEL, S. 33 f.
[156] Vgl. STOLBER, S. 57.
[157] Vgl. HALBACH, S. 17.
[158] Ebenda, S. 17 f.

vorzuziehen[159].

Keines der kurz beschriebenen Investitionsverfahren ist sowohl theoretisch wie praktisch voll befriedigend. Mehrfach haben Autoren beispielhaft aufgezeigt, zu welch unterschiedlichen und fragwürdigen Ergebnissen die Anwendung der einzelnen Methoden führt[160].

Kuhn[161] nennt abschließend folgende Faustregel:
Sollen a) die Investitionen ausgewählt und b) das Budget dadurch bestimmt werden, so maximiere "Nutzen - Kosten". Dagegen maximiere $\frac{"Nutzen"}{Kosten}$ wenn das Budget gegeben ist.

Wähle $\frac{"Nutzen"}{Kosten}$ für den Vergleich und die Rangfolge der Projekte.

2.3.7. SENSITIVITÄTSANALYSEN

Wie in den vorangehenden Kapiteln gezeigt wurde, ist es notwendig, im Laufe einer KNA wertende Annahmen zu machen, die das Ergebnis maßgeblich bestimmen können. Je weiter man bei einem Projekt projizieren muß, desto unsicherer ist der Informationsgrad und damit auch das Ergebnis. Aufgabe einer Sensitivitätsanalyse[162] ist es deshalb, durch eine Variation der kritischen Annahmen den Unsicherheitsgrad des Projektes deutlich zu machen. Dies geschieht durch die Bestimmung des Ausmaßes der Schwankung, die die Variation eines Einflußfaktors bei Konstanz der anderen Faktoren auf die Analyse-Ergebnisse ausübt. Hierbei ist die klare Angabe der Bandbreite für die Extremwerte der günstigsten Konstellationen aussagekräftiger, als eine Kombination von "Mittelwerten der Praxis"[163].

---

159) Vgl. JOHN S. FLEMMING und MARTIN S. FELDSTEIN, Present value versus Internal Rate of Return: A Comment, in: The Economic Journal, London, Vol. 74 (1964), S. 490. Vgl. auch KNIGGE, S. 37.
160) Vgl. ECKSTEIN, S. 58; HIRSHLEIFER - de HAVEN - MILLIMAN, S. 138; GOOD, S. 14.
161) KUHN, S. 225.
162) Vgl. HIRSHLEIFER - de HAVEN - MILLIMAN, S. 165.
163) Vgl. DIETER WEISS, Infrastrukturplanung. Ziele, Kriterien und Bewertung von Alternativen, Berlin 1971, S. 38.

Wichtigste Variable, die einer Sensitivitätsanalyse unterzogen werden können, sind die Länge der Untersuchungsperiode, die verwendeten Zinssätze, Zu- und Abschläge auf Risiko und Unsicherheit, aber auch (in einer erweiterten Begriffsauslegung) die verschiedenen Investitionsmethoden oder gar die Auswirkung verschiedener Nebenbedingungen der Analyse.

Eine solche Analyse hat für den politischen Entscheidungsträger einen weit größeren Wert als die Aussage, daß eine Alternative mit hoher Wahrscheinlichkeit - aber innerhalb eines engen Definitionsbereiches von möglichen Situationen - einen bestimmten Nutzen erbringen wird[164]. Einschränkend meint Turvey jedoch dazu:"The trouble with sensitivity analysis is that its results are too voluminous to be of any practical help to a decision-maker if there are more than, say, two stochastic parameters in the calculation of net benefits"[165].

2.4. KRITIK DER KOSTEN-NUTZEN-ANALYSE

Im folgenden soll der Versuch einer Kritik der KNA unternommen werden, der einerseits nicht den Anspruch auf Vollständigkeit erhebt und sich andererseits oft nur auf ein "Antippen" der Probleme beschränkt. Die Kritik an methodischen Einzelfragen und Teilproblemen, soweit sie im Kapitel 2.3. bereits geleistet wurde, wird hier nicht mehr aufgeführt, bzw. nur im größeren Zusammenhang gebracht.

Bevor auf theoretisch-prinzipielle und praktisch-statistische Einwände gegen die KNA eingegangen wird, soll kurz auf den ebenfalls nicht unproblematischen ökonomischen Rahmen hingewiesen werden, in den sie eingebettet ist. Frey[166] zeigt die drei Wurzeln der KNA auf, die ihrerseits alle auf die klassische Ökonomie zurückgehen:

---
164) Vgl. WEISS, S. 38.
165) TURVEY, S. 6.
166) Vgl. FREY, S. 107.

- Die statisch partielle Gleichgewichtstheorie, erweitert um die Theorie der externen Effekte (Wohlfahrtsökonomie)

- die klassische Finanzwissenschaft, erweitert um die Theorie der Kollektivgüter

- die auf Gewinnmaximierung ausgerichtete Investitionstheorie.

Neben der hier nicht weiter verfolgten grundsätzlichen Kritik an dieser Theorie von seiten marxistischer Ökonomen, sei auf die wissenschaftstheoretische Kritik der "kritischen Rationalisten" verwiesen, die sich maßgeblich mit den Modellvoraussetzungen (Modell-Platonismus)[167] und der Kritik des homo oeconomicus[168] etc. beschäftigt.

2.4.1. THEORETISCH-PRINZIPIELLE EINWÄNDE

Ein fundamentales Problem ist dadurch gegeben, daß die Kosten-Nutzen-Analyse auf dem Konkurrenzmodell basiert und eine Art Marktsimulation darstellt. Es ist jedoch nicht zwingend einzusehen, warum der Markt in Anbetracht seiner Unvollkommenheiten als Norm akzeptiert werden sollte[169]. Inwieweit kann der Marktpreissektor noch Orientierungssektor für den Staat sein, wo der Staat doch einen Anteil von nahezu 40 % des Bruttosozialproduktes erreicht und damit nicht mehr als eine - theoretisch zu vernachlässigende - Randerscheinung des privatwirtschaftlichen Bereiches betrachtet werden kann[170]? Ist es nicht ein Widerspruch, einerseits die Marktunvollkommenheiten zur Rechtfertigung staatlicher Aktivität heranzuziehen, diese Aktivität dann aber

---

167) z. B. HANS ALBERT, Modell-Platonismus. Der neoklassische Stil des ökonomischen Denkens in kritischer Beleuchtung, in: Logik der Sozialwissenschaften, hrsg. von Ernst Topitsch, Köln und Berlin 1970, S. 406-434.
168) z. B. KIRSCH, S. 27 ff.
169) Vgl. FREY, S. 114; LAWRENCE G. HINES, The Hazards of Benefit-Cost Analysis as a Guide to Public Investment Policy, in: Public Finance, Den Haag, Vol. 17 (1962), S. 114 ff.; PREST - TURVEY, Kosten-Nutzen-Analyse, S. 113.
170) Vgl. WEISS, S. 47.

wieder an das Marktsystem zu binden[171]? So erscheint es z. B. wegen der Bewertungsproblematik der KNA unsinnig, öffentliche Investitionsentscheidungen, die auf die Befriedigung von nichtmarktmäßigen Bedürfnissen abzielen, durch Uminterpretation mit Kriterien zu bewerten, die sich am Marktpreissektor orientieren[172]. Hiermit wird nicht nur der Kern des originären Bedürfnisses, sondern zugleich auch der Kern des Entscheidungsproblems verfälscht[173].

Wie stark gesellschaftsbezogen im Sinne sozialer Prämissen[174] kann eine KNA durch die Bindung an das privatwirtschaftliche Marktmodell überhaupt sein, und in welchem Maße ist sie hierdurch eine Stabilisierungstechnik?

Die KNA erhebt den Anspruch, ein wohlfahrtsökonomisches Optimum anzustreben und arbeitet im Widerspruch dazu in der Regel mit dem privatwirtschaftlichen Kostenansatz. Durch die weitgehende Vernachlässigung nicht-monetär bewertbarer Kosten und Nutzen ist und bleibt die KNA lediglich ein mikroökonomisches Instrument[175].

Eine Kritik der wohlfahrtstheoretischen Grundlagen der Kosten-Nutzen-Analyse, einschließlich der politischen und staatstheoretischen Implikationen, wurde bereits im Kapitel 2.1. versucht. Daran anknüpfend sollen jedoch noch einmal die Probleme der starren Zielfunktion (Volkseinkommenssteigerung) angesprochen werden.

---

171) Vgl. HORST C. RECKTENWALD, Die Nutzen-Kosten-Analyse. Entscheidungshilfe der Politischen Ökonomie, Tübingen 1971, S. 41.
172) Vgl. unter 2.3.3., S. 31 ff.
173) Vgl. WEISS, S. 46 f.
174) Vgl. H. BUSMANN u.a., Kommunalpolitik und Stadtentwicklungsplanung. Diplom-Seminar Lehrgebiet Wohnbau SS 1971, LG Wohnbau RWTH Aachen (1971), S. G. 125 f.
175) Vgl. McKEAN, Efficiency, S. 72 f.

Wie schon mehrfach gezeigt, wird dem Staat das Ziel der Maximierung der individuellen Wohlfahrt unterstellt, wobei die Kosten-Nutzen-Analyse eine Hilfe sein soll, die Staatsausgaben effizient zu gestalten. Hinter dieser oder ähnlichen Formulierungen steht unausgesprochen ein Rationalitätsbegriff, dem kurz Beachtung geschenkt werden soll. Ohne auf die Diskussion der Rationalitätsbegriffe in der E n t s c h e i d u n g s t h e o r i e ausführlich einzugehen, sei hier doch soviel vermerkt: Nur zielorientiertes Handeln kann rationales Handeln sein[176]. Man unterscheidet hierbei zwischen formaler und substantieller Rationalität[177]. Formale Rationalität verlangt nur bewußte und zielorientierte Entscheidungen, wobei von dem Zielsystem nur angenommen wird, daß es widerspruchsfrei ist, nicht aber, daß es einen bestimmten Inhalt hat[178]. Somit ist jede staatliche Handlung, die sich auf das Ergebnis einer KNA stützt, notwendigerweise (f o r m a l) rational, weil einer KNA immer ein Ziel zugrunde liegen muß[179]. Eine s u b s t a n t i e l l e Rationalität verlangt jedoch in diesem Fall darüber hinaus eine Konsistenz des Zielsystems des Entscheidungsträgers (des Kosten-Nutzen-Analytikers bzw. implizit der KNA selbst) mit dem als "richtig" angesehenen Zielsystem des Staates[180]. Wie die multidimensionale Zielfunktion des Staates aussieht, ist sicherlich nicht eindeutig bestimmbar, daß sie jedoch mehr enthält, als die in der Regel einer KNA zugrunde liegende Volkseinkommenssteigerung, ist sehr wahrscheinlich. Mit dieser Annahme kann hinsichtlich der Rationalität[181] staatlicher Handlungen, die sich auf Kosten-Nutzen-Analysen stützen, folgende Aussage gemacht werden: Ist die Volkseinkommenssteigerung eines unter mehreren Zielen, die der Staat bei der Maximierung der individuellen Wohlfahrt anstrebt, dann liegt bestenfalls eine e i n g e - s c h r ä n k t e Rationalität vor. Verfolgt der Staat mit bestimten Handlungen andere Ziele als die Volkseinkommensvermehrung und stützt sich dennoch auf die Ergebnisse von Kosten-Nutzen-Analysen, so handelt er i r r a t i o n a l .

---

176) Vgl. KIRSCH, S. 62 ff.
177) Ebenda
178) Vgl. GÉRARD GÄFGEN, Theorie der wirtschaftlichen Entscheidung. Untersuchungen zur Logik und ökonomischen Bedeutung des rationalen Handelns, 2. Aufl. Tübingen 1968, S. 26.
179) Vgl. unter 2.2., S. 20 ff.
180) Vgl. GÄFGEN, S. 27 f.
181) Mit "Rationalität" ist hier die substantielle Rationalität gemeint, da die bloße formale Rationalität staatlicher Handlungen fast bedeutungslos ist.

Von vielen Autoren wird mit Recht die einseitige und starre Ausrichtung der Zielfunktion auf die Volkseinkommenserhöhung kritisiert; insbesondere weil die meisten der öffentlichen Programme nicht von vornherein, ja nicht einmal im Prinzip nur auf das Ziel der Wirtschaftlichkeit ausgerichtet sind[182]. Die Kritik richtet sich zum einen gegen den Ausschluß nicht-ökonomischer Ziele, zum andern gegen die Nichtberücksichtigung des ökonomischen Einkommensverteilungszieles. Die Ergebnisse von Kosten-Nutzen-Analysen werden unabhängig davon geltend gemacht, wer die Kosten zu tragen hat und bei wem bzw. wo die Nutzen anfallen. Erweiterungen der Zielfunktion um die Verteilungskomponente sind bereits vorgeschlagen worden[183], doch sind die theoretischen Lösungen bisher so unpraktikabel, daß sie in empirischen Kosten-Nutzen-Analysen kaum Eingang gefunden haben. Die verteilungspolitischen Wirkungen eines Projektes bleiben somit in der Regel unberücksichtigt.

Einen interessanten theoretisch-prinzipiellen Einwand gegen die Praktikabilität der KNA machen Apel, Arnold und Plath[184] geltend. Nach ihrer Argumentation kann die Berechnung einer Wohlfahrtserhöhung

---

182) Vgl. ARTHUR MAASS, Nutzen-Kosten-Analyse: Hilfe für staatliche Entscheidung?, in: Nutzen-Kosten-Analyse und Programmbudget, hrsg. von Horst C. Recktenwald, Tübingen 1970, S. 415.
183) Vgl. BURTON A. WEISBROD, Income Redistribution Effects and Cost-Benefit Analysis. Comment, in: Problems in Public Expenditure Analysis, hrsg. von Samuel B. Chase, Washington 1968, S. 177-222; RECKTENWALD, Die Nutzen-Kosten-Analyse, S. 44 f.; FREY, S. 113 f.; GOOD, S. 38 ff. Einen Vorschlag zur Berücksichtigung von Verteilungsgewichten macht WILLIAM B. NEENAN, Distribution and Efficiency in Benefit-Cost Analysis, in: The Canadian Journal of Economics, Montreal, Vol. 4 (1971), S. 216-224, speziell S. 220 ff. Die spezielle Verknüpfung von Volkseinkommenszielen (efficiency) mit Regionaleinkommenzielen versuchen G. D. McCOLL und C. D. THROSBY, Multiple Objective Benefit-Cost Analysis and Regional Development, in: The Economic Record, Melbourne, Vol. 48 (1972), S. 201-219.
184) Vgl. DIETER APEL, V. ARNOLD und F. PLATH, Volkswirtschaftliche Investitionsrechnungen für öffentliche Projekte. Dargestellt am Vergleich alternativer städtischer Verkehrssysteme der Landeshauptstadt Hannover, Bielefeld 1972, S. 13 f.

(Sozialproduktserhöhung) unter ex-ante-Bedingungen nicht automatisch zu einer Empfehlung des Projektes führen. Wegen des Einflusses möglicher Einkommensverteilungseffekte auf die Nachfragestruktur und damit auf die Preis-Relationen, kann sich eine Wohlfahrtserhöhung unter ex-ante-Bedingungen unter ex-post-Bedingungen verändert oder gar in ihr Gegenteil verkehrt haben. Unter der (realistischen) Annahme einer sich ändernden Einkommensverteilung kann bei einem Anspruch auf eine theoretisch exakte Investitionsentscheidung ein Projekt nur dann realisiert werden, wenn sich der Beweis erbringen läßt, daß das Projekt bei jeder möglichen Einkommensverteilung zu einer Wohlfahrtserhöhung führen würde.

Die Beschränkung auf das Effizienzziel, d. h. den volkswirtschaftlichen Nettonutzen als Kriterium für die wohlfahrtssteigernde Wirkung einer Investition, ist jedoch seinerseits auch sehr problematisch. Schuster[185] weist in seiner Kritik nach, daß der soziale Überschuß auf Grund seines lediglich partialanalytischen Charakters als Kriterium zur Beurteilung wirtschaftspolitischer Maßnahmen nur von geringem Erkenntniswert ist.

Nach der Diskussion der drei Hauptkriterien zur Messung des volkswirtschaftlichen Nettonutzens kommt Stolber[186], wie die meisten anderen Autoren, zu der Erkenntnis, daß sich für die p r a k t i -
s c h e Anwendung der KNA ein modifiziertes Sozialproduktskriterium anbietet, das gegenüber dem "reinen" Sozialproduktindikator die Schwächen des Marktes soweit wie möglich eliminiert. Der relativ leichten Erkenntnis der Notwendigkeit einer Modifikation steht jedoch die schwere praktische Frage nach dem "wie" gegenüber, die in der Praxis, mangels ausreichender Information über die "richtigen" Marktdaten, wahrscheinlich mit einem Rückgriff auf das "reine" Sozialprodukt beantwortet werden wird.

---

185) Vgl. SCHUSTER, S. 129-147.
186) Vgl. STOLBER, S. 41.

Welche Schwierigkeiten und äußerst fragwürdigen Lösungen sich jedoch ergeben, wenn man das Sozialprodukt als Wohlstandsindikator verwendet, zeigt Külp[187]. Schon bei der Wahl der Bezugsgröße (ob Brutto- oder Nettosozialprodukt, oder Sozialprodukt pro Kopf) beginnen die als bedenklich anzusehenden Kompromisse. Die Frage der Sinnhaftigkeit dieses Indikators als Wohlstandsmaßstab stellt sich dann weiterhin bei Problemen wie der Zunahme des Sozialproduktes durch Preissteigerungen, die weder eine qualitative, noch eine quantitative Verbesserung der Güter bedeuten, bei der Nichtberücksichtigung des Verschleißes der natürlichen Ressourcen, bei der Nichtberücksichtigung immaterieller Werte, wie z. B. der Freizeit, bei den Fehlinformationen des Marktmechanismus, die sich aus der Existenz von Monopolen, sowie aus dem Auseinanderfallen von volkswirtschaftlichen und privatwirtschaftlichen Kosten ergeben, bei der Unkenntnis über das Verhältnis von Investition und Konsumtion, ganz zu schweigen von dem Problem der Ausklammerung der Einkommensverteilungseffekte. Der Zusammenhang zwischen Sozialprodukt und Wohlfahrt ist problematisch und nur subjektiv wertend bestimmbar.

Mit dem Problem des Werturteils in der KNA wird eine weitere, sehr wichtige Frage angeschnitten. Eine derartige Analyse ist ohne p o l i t i s c h e   E n t s c h e i d u n g e n   nicht durchführbar. Zu den wichtigsten, stark politisch bestimmten Entscheidungen einer KNA[188] zählt die zu maximierende Größe (z. B. Kapitalwert oder Kapitalausrüstung) am Ende der Planungsperiode, die Diskontrate[189], die Länge der Planungsperiode und die Art und Weise, in der die Unsicherheit berücksichtigt werden soll. Diese politisch wertenden Entscheidungen dürfte der Analytiker mangels demokratischer Legitimation nicht fällen.

---

187) Vgl. BERNHARD KÜLP, Argumente gegen den Indikator "Sozialprodukt", in: Wirtschaftswoche. Der Volkswirt. Aktionär, Nr. 27 (1972), S. 35-37.
188) Vgl. auch STOHLER, S. 244.
189) Allein der Bestimmung dieses Wertes mißt Wildavsky Auswirkungen zu, die "alles allein entscheiden können", AARON WILDAVSKY, Politische Ökonomie der Effizienz: Kosten-Nutzen-Analyse. Systemanalyse, Programmbudget, in: Nutzen-Kosten-Analyse und Programmbudget, hrsg. von Horst C. Recktenwald, Tübingen 1970, S. 372.

2.4.2. PRAKTISCH-STATISTISCHE EINWÄNDE

Ein gewichtiger Einwand gegen die Anwendbarkeit der KNA ist die Tatsache, daß es eine Reihe von bestechenden theoretischen Lösungen gibt, die in der Praxis jedoch auf große, wenn nicht gar unüberwindliche Realisierungsschwierigkeiten stoßen. So ist beispielsweise der Gedanke des Opportunitätskostenansatzes eine theoretisch sicherlich elegante und saubere Lösung, die sich in der Praxis jedoch nicht verwirklichen läßt[190]. Der Rückgriff auf Schattenpreise bringt wiederum große Bewertungsprobleme mit sich[191], die zu subjektiven Preisansätzen führen, bei denen größte Vorsicht geboten ist[192]. Bedient man sich schließlich aus praktischen Gründen der Marktpreise, so muß unumwunden zugegeben werden, daß von dem begrüßenswerten Anspruch der KNA, über den privatwirtschaftlichen Ansatz hinaus die gesamtwirtschaftliche Effizienz eines Projektes durch den Vergleich volkswirtschaftlicher Kosten und Nutzen zu ermitteln, nur noch wenig übriggeblieben ist.

Wie im Kapitel 2.3.3. und 2.3.4. bereits ausgeführt, stellen sich ähnliche Probleme bei der Erfassung und Bewertung der Zahlungsbereitschaft als Nutzengröße einer KNA.

Ein weiterer Vorbehalt ist durch die Gefahr begründet, daß Projekte mit leichter bewertbaren Kosten und Nutzen besser abschneiden, als die, die relativ viel "Intangibles" enthalten. Insbesondere Investitionen im Bereich der Kollektivgüter, deren Rechtfertigung vorwiegend im Bereich der nicht-monetär bewertbaren Kosten und Nutzen liegt, sind dadurch benachteiligt. Es wird dabei übersehen, daß die "Intangibles" wichtiger als die monetären Größen sein können, weil die tatsächliche Zielfunktion nicht eindimensional auf wirtschaftliche Effizienz eingeengt ist, sondern eine Reihe anderer, oft bedeutenderer Ziele umfaßt, die nicht immer quantitativ, manchmal sogar nur qualitativ, ausdrückbar sind[193].

---
[190] Vgl. KLAUS BILLERBECK, Kosten-Ertragsanalyse. Ein Instrument zur Rationalisierung der administrativen Allokation bei Bildungs- und Gesundheitsinvestitionen, Berlin 1968, S. 38.
[191] Vgl. STOHLER, S. 243.
[192] Vgl. BILLERBECK, S. 57.
[193] Vgl. WEISS, S. 45.

Billerbeck[194] bezweifelt die Aussagefähigkeit von Kosten-Nutzen-Analysen hinsichtlich der Frage nach dem optimalen Zeitpunkt der Durchführung eines Projektes, da das Verhältnis bzw. die Differenz von Kosten und Nutzen über die Jahre gesehen nicht konstant ist. Eine d y n a m i s c h e Erweiterung der KNA sei zwar unter bestimmten Annahmen denkbar, doch würden hierbei so große technisch-statistische Schwierigkeiten auftreten, daß mit der erheblich erweiterten Komplexität der Analyse auch eine verminderte Praktikabilität einherginge, die sich u. a. auch daraus ergäbe, daß zusätzliche Annahmen getroffen werden müßten, die die Realitätsnähe der Analyse stark einschränkten.

Wie im Kapitel 2.3.1. bereits ausgeführt, wird durch die Notwendigkeit der Suboptimierung der Anwendungsbereich der KNA stark eingeschränkt. Für die Allokation der Ressourcen auf intersektoraler Ebene ist die KNA ein generell untaugliches Instrument; intrasektoral kann sie schon eher eingesetzt werden[195], doch dort auch nur unter der Voraussetzung, daß es sich um Entscheidungen über alternative Projekte handelt, die denselben Zweck erfüllen sollen.

Mit dem Anspruch der KNA, a l l e Kosten und Erträge erfassen und möglichst auch monetär bewerten zu wollen, werden sehr hohe Anforderungen an das statistische Ausgangsmaterial gestellt. Die Qualität von Entscheidungen hängt unmittelbar von der Qualität der verfügbaren Information ab. Die Kosten der Informationsbeschaffung und -verarbeitung sind jedoch nicht unbegrenzt, so daß durch Beschränkungen finanzieller oder personeller Art der Grad der Unsicherheit der Analyse erhöht wird.

Letztlich gilt es auf die Gefahr hinzuweisen, daß Projekte, für die eine Kosten-Nutzen-Analyse durchgeführt worden ist, schon allein deshalb eine höhere Priorität erhalten, weil man glaubt, ihre Rentabilität zu kennen. Politiker neigen dazu, sich an Zahlenergebnisse zur Rechtfertigung ihrer Entscheidungen zu klammern, auch wenn sie auf hochgradig spekulativen Modellen und fast willkürlichen Annahmen beruhen[196].

---
194) Vgl. BILLERBECK, S. 59.
195) Vgl. ebenda, S. 24.
196) Vgl. STOHLER, S. 244.

3. ÜBERLEGUNGEN ZUR ANWENDBARKEIT DER KOSTEN-NUTZEN-ANALYSE IN DER STADTENTWICKLUNGSPLANUNG

Die KNA als Methode zur Ermittlung der Vorteilhaftigkeit öffentlicher Investitionen bzw. Maßnahmen soll eine Entscheidungshilfe, ein Instrument der Planung sein. Es stellt sich somit die Frage nach der inhaltlichen Füllung des Planungsbegriffs bzw. - gemäß der Themenstellung - des Begriffs der Stadtentwicklungsplanung.

Ein Blick in die Fachliteratur zeigt, daß bezüglich des Planungsbegriffs größte Verwirrung herrscht[1], wobei die Verschiedenheit der Begriffsinhalte sowohl auf das unterschiedliche Selbstverständnis der beteiligten Disziplinen und die verschiedenen Arbeits- und Anwendungsbereiche, als auch letztlich auf die politischen Grundauffassungen der einzelnen Autoren zurückzuführen ist.

Die meisten der derzeit vorherrschenden Planungsbegriffe, die zum Teil durchaus in enger Beziehung zueinander stehen, lassen sich einem der vier folgenden Ansätze zuordnen[2]:

- In der ö k o n o m i s c h e n   E n t s c h e i d u n g s t h e o r i e   wird Planung als vorausschauende Tätigkeit von Wirtschaftssubjekten verstanden, wobei gemäß dem ökonomischen Grundprinzip über den rationalen Einsatz knapper Mittel zur Erreichung vorgegebener Ziele zu befinden ist.

- Der   s y s t e m t h e o r e t i s c h e   Ansatz versteht unter Planung das Setzen von Entscheidungsprämissen, d. h. es soll über Entscheidungen entschieden werden, ohne "das spätere Entscheiden (zu) erübrigen oder inhaltlich vollständig (zu) determinieren"[3].

---

1) Vgl. HANS C. RIEGER, Begriff und Logik der Planung. Versuch einer allgemeinen Grundlegung unter Berücksichtigung informationstheoretischer und kybernetischer Gesichtspunkte, Wiesbaden 1967, S. 1.
2) Vgl. JOACHIM JENS HESSE, Stadtentwicklungsplanung: Zielfindungsprozesse und Zielvorstellungen, Stuttgart u.a. 1972, S. 15 ff. (Schriftenreihe des Vereins für Kommunalwissenschaften, Bd. 38).
3) NIKLAS LUHMANN, Politische Planung, in: Jahrbuch für Sozialwissenschaft, **Bd. 17** (1966), S. 273.

- Abgeleitet aus dem Sozialstaatsgebot des Art. 20 Grundgesetz faßt die j u r i s t i s c h e S o z i a l s t a a t s l e h r e Planung als staatliche Planung auf, die zur Aufrechterhaltung der staatlichen Ordnung Interventions- und Regelungsfunktionen wahrnimmt.

- Die p o l i t i k w i s s e n s c h a f t l i c h e R e g i e r u n g s l e h r e bezieht sich am stärksten auf die Planungs p r a x i s und sieht in Planung die "Vorbereitung von Entscheidungen".

Unter Verzicht auf eine Diskussion dieser Planungsbegriffe[4], soll mit Hesse[5] der Planungsbegriff dieser Arbeit so gefaßt werden, daß neben dem formalen Planungsverständnis der Systemtheorie und der betonten Effizienzausrichtung - z. B. der Regierungslehre - ein "emanzipatorisches Interesse" formuliert wird. Aus einem demokratischen Anspruch heraus enthält der Planungsbegriff damit eine explizit politische Komponente, die die Erreichung individueller Selbst- und Mitbestimmung zum Ziel hat.

Damit steht neben dem Problem der Planungseffizienz die Problematik der Legitimation von Planung und der Berücksichtigung der Wertvorstellungen der Planungsbetroffenen zur Diskussion.

Der Begriff der S t a d t e n t w i c k l u n g s p l a n u n g [6] soll von dem der Auffang- oder Anpassungsplanung[7] abgegrenzt werden, wenngleich zur Vermeidung von Mißverständnissen einleitend festgestellt werden muß, daß es sich nicht um einander ausschließende Begriffe handelt, sondern daß die Auffangplanung als Teil der in ihrem Inhalt umfassenderen und in ihrem Charakter politischeren Entwicklungsplanung zu verstehen ist[8].

---

4) Vgl. hierzu u.a. HESSE, Stadtentwicklungsplanung, S. 15 ff.; sowie POLITISCHE PLANUNG IN THEORIE UND PRAXIS, hrsg. von Volker Ronge und Günter Schmieg, München 1971, S. 7 ff.
5) HESSE, Stadtentwicklungsplanung, S. 17.
6) Der in dieser Arbeit mitunter gebrauchte Begriff der 'Stadtplanung' ist immer im Sinne von 'Stadtentwicklungsplanung' zu verstehen.
7) Synonyme Begriffe hierfür sind auch: adaptive Planung, reaktive Planung, Engpaßplanung.
8) Vgl. LUHMANN, S. 294. Siehe auch S. 78.

Planung in Städten und Gemeinden war und ist weitgehend noch immer physische Auffang- und Anpassungsplanung[9], d. h. das Reagieren auf plötzlich auftretende akute Mißstände bzw. die Anpassung an die sich verändernden Bedingungen zwischen den wirtschaftlichen Kräften innerhalb eines Gebietes[10].

Planung in diesem Sinne ist also ein "Mittel der Anpassung der räumlichen Umwelt an einen im wesentlichen selbst ungeplant bleibenden gesellschaftlichen Prozeß"[11].

Der Funktionswandel des Staates vom neutralen Garanten einer privatrechtlichen Ordnung, innerhalb deren Normen sich die Gesellschaft - nur ihrer eigenen Dynamik folgend - entfaltet, zum modernen Interventionsstaat, der durch Eingriffe in den Bereich der Gesellschaft deren krisenfreie Entwicklung sichern soll[12], verlangt notwendig eine neue, viel umfassendere Planung, die als Entwicklungsplanung[13] oder auch Zielplanung[14] zu bezeichnen ist und die versucht, durch Integrierung von weiteren Zweigen der Verwaltung, Flächendispositionen unmittelbar mit ökonomischen und sozialen Planungen zu verknüpfen[15].

Die Anpassungsplanung, die im wesentlichen die "Anpassung der Flächennutzungs- und Bebauungspläne an Nutzungsverhältnisse (besorgt), die längst bestehen und erst nachträglich legalisiert werden"[16] und die

---

9) Vgl. JOACHIM JENS HESSE, Zielvorstellungen und Zielfindungsprozesse im Bereich der Stadtentwicklung, in: Archiv für Kommunalwissenschaften, Jg. 10 (1971), S: 27.
10) Vgl. RICHARD S. BOLAN, Perspektiven der Planung, in: Stadtbauwelt 25 (1970), S. 18 (Original: Emerging Views of Planning, in: Journal of the American Institute of Planners, Baltimore, Vol. 23 (1967), S. 233-245).
11) MANFRED TESCHNER, Bürokratie und Städtebau, in: Stadtbauwelt 36 (1972), S. 284.
12) R. DILCHER u.a., Organisation. Planende Verwaltung und die Qualifikation von Planern, in: Stadtbauwelt 29 (1971), S. 56.
13) Vgl. JOHN FRIEDMAN, Regional Development in Post-Industrial Society, in: Journal of the American Institute of Planners, Baltimore, Vol. 30 (1964); zitiert nach BOLAN, S. 18. Vgl. FRITZ SCHARPF, Planung als politischer Prozeß, in: Die Verwaltung, 1971, S. 6; TESCHNER, S. 284.
14) Vgl. HESSE, Stadtentwicklungsplanung, speziell Kap. 2.
15) Vgl. TESCHNER, S. 284.
16) KATRIN ZAPF, Rückständige Viertel. Eine soziologische Analyse der städtebaulichen Sanierung in der Bundesrepublik, Frankfurt 1969, S. 66.

ständig der Gefahr ausgesetzt ist, lediglich äußere Symptome als Ursache planerischen und politischen Handelns zu akzeptieren[17], führt zu Mißständen und Engpässen, die als räumliche und sozialökonomische Defizite schon seit 1968/69 in den Raumordnungs- und Städtebauberichten der Bundesregierung beklagt werden.

Ihre Beseitigung scheint nur möglich, wenn in einer alle kommunalen Funktionsbereiche einschließenden Strategie die Fach- oder Ressortplanungen nicht nur formal, sondern auch inhaltlich und in bezug auf ein Ziel- oder Wertsystem koordiniert werden.

Ein wesentliches Kennzeichen von Stadtentwicklungsplanung ist die Ausrichtung an Zielvorstellungen, die jedoch - im Gegensatz zu synoptischen Planungskonzepten - nicht unveränderbar vorgegeben, sondern flexibel sind[18]. Der Zielfindungsprozeß und - als sein Ergebnis - die Wahl zwischen alternativen Zielen, sind als wesentlicher Bestandteil einer Stadtentwicklungsplanung anzusehen[19].

Die KNA soll mit dazu beitragen, die Staatsausgaben 'rationaler' zu gestalten und als Entscheidungshilfe auch die Rationalität der Planung in Städten und Gemeinden anheben. Hinter diesen Vorstellungen steht in der Regel das Rationalitätsmodell der ökonomischen Entscheidungstheorie, das sich an vorgegebenen Zielvorstellungen orientiert[20].

Da gezeigt wurde, daß bei einer Stadtentwicklungsplanung die Ziele selbst Gegenstand des Entscheidungsprozesses sind und sich - da zunächst sehr vage und von unvollkommener Information begleitet - erst im Verlauf der Planung konkretisieren, kann der oben genannte Rationalitätsbegriff keine Anwendung mehr finden.

---

17) Vgl. HESSE, Stadtentwicklungsplanung, S. 20.
18) Ebenda, S. 28 ff.
19) Vgl. ROLF-RICHARD GRAUHAN, Zur Struktur der planenden Verwaltung, in: Stadtbauwelt 22 (1969), S. 134 ff. Als grundlegend zu diesem Problembereich ist die Untersuchung von HESSE, Stadtentwicklungsplanung, anzusehen. Vgl. auch S. **68** f.
20) Vgl. S. 53.

Grauhan[21] setzt dem Begriff der 'Zielrationalität' daher den der
'Wahlrationalität' entgegen. "Rational ist danach politisches Verhalten nicht durch den Vollzug zielmäßig determinierter Prozesse, sondern erst wenn Zielfindung und Entscheidung als o f f e n e r Auswahlprozeß zwischen Zielalternativen verstanden werden. Das 'Ziel' dieses Wahlvorganges läßt sich dabei nicht inhaltlich, sondern nur formal bestimmen: als die Auswahl von Zielen"[22].

Im Hinblick auf den Planungsbegriff und das in ihm enthaltene Element individueller Selbst- und Mitbestimmung ist der Begriff der Wahlrationalität noch um die Forderung nach Öffentlichkeit zu erweitern[23].

Desgleichen verlangt der mit der Rationalität eng verknüpfte Begriff der 'Effizienz' eine Neuformulierung. Der Ablösung der Ziel- durch die erweiterte Wahlrationalität folgend, ist die "Effizienz hierarchisierter und zentralisierter Entscheidungsprozesse" der "Effizienz von Auswahlvorgängen" gegenüberzustellen[24]. Letztere soll dann gegeben sein, "wenn gewährleistet ist, daß die unterschiedlichen und widersprüchlichen Interessenlagen Eingang in die Planung finden, deren Abstimmung offen gelegt und Konflikte ausgetragen werden, und darüber hinaus das Innovationspotential bei Beteiligten und Betroffenen genutzt wird"[25].

Soll die Kosten-Nutzen-Analyse als Methode zur Ermittlung der Vorteilhaftigkeit von öffentlichen Investitionen und - im weiteren Sinne - zur Verbesserung der Stadtplanungsergebnisse eingesetzt werden, so ist die Frage nach den Erfolgsaussichten der Anwendung nicht zu trennen von der Frage, inwieweit die Verwaltung selbst in der Lage ist, den erweiterten Aufgaben gerecht zu werden.

---

21) ROLF-RICHARD GRAUHAN, Politische Verwaltung. Auswahl und Stellung der Oberbürgermeister als Verwaltungschefs deutscher Großstädte, Freiburg 1970, S. 354 ff.
22) HESSE, Stadtentwicklungsplanung, S. 66.
23) Ebenda, S. 67.
24) Vgl. auch GRAUHAN, Politische Verwaltung, S. 360 ff.
25) HESSE, Stadtentwicklungsplanung, S. 67 f.

Die gegenüber der Auffangplanung erweiterte Stadtentwicklungsplanung stellt eine Reihe zu diskutierender Anforderungen an die kommunale Verwaltung:

- Sie erfordert einen neuen Prozeß der Strukturierung und Behandlung von Entscheidungsproblemen.
- Sie wirft das Problem der Angemessenheit der heutigen Struktur der Verwaltung auf.
- Durch die Ablösung einer Input- durch eine Output-Orientierung stellt sie die gegenwärtigen Verfahren zur Bewilligung von Haushaltsmitteln in Frage.
- Durch das im Planungsbegriff enthaltene "emanzipatorische Interesse" verlangt sie nach einer Neuorientierung im Verhältnis von Planung und Öffentlichkeit.

Bezüglich der KNA ist daher zunächst zu untersuchen, ob sich aus den Anforderungen einer Stadtentwicklungsplanung an die Verwaltung grundsätzliche Probleme für die Anwendbarkeit der Methode ergeben, bzw. inwieweit die KNA oder Variationen der KNA selbst bestimmte Anforderungen an die Verwaltung stellen.

Erst danach ist nach den besonderen Problemen der Anwendung der Kosten-Nutzen-Analyse in der Stadtplanung zu fragen. Hierbei verdienen zwei Gesichtspunkte Beachtung: der relativ hohe Anteil der nicht-monetär bewertbaren Kosten und Nutzen von Stadtplanungsprojekten - etwa im Vergleich zu Projekten in der Wasserwirtschaft - und die Tatsache, daß die Stadt ein System mit komplexen Kausalzusammenhängen ist, die es äußerst schwierig machen, die Wirkungen von einzelnen Maßnahmen zu erkennen.

Eine abschließende Überlegung gilt den Möglichkeiten, die Methode der KNA zu variieren, bzw. Alternativen aufzuzeigen. Die Beschränkung liegt hierbei jedoch auf "artverwandten" Entwicklungen, so daß andere Entscheidungshilfen, wie z. B. mathematische Optimierungsverfahren[26], nicht berücksichtigt werden.

3.1. VERFAHREN ZUR STRUKTURIERUNG VON ENTSCHEIDUNGSPROBLEMEN

Öffentliche Investitionsentscheidungen sind in der Regel dadurch gekennzeichnet, daß die Zielfunktion mehrdimensional, konfliktgeladen, nicht artikuliert und im Zeitablauf veränderlich ist[27]. Sie ist m e h r d i m e n s i o n a l entsprechend den divergierenden Interessen der an der Entscheidungsfindung beteiligten Gruppen und enthält daher Ziel k o n f l i k t e . Da die Präzisierung von Zielen und Prioritäten zumeist die Offenlegung von Konflikten bedeutet, sind politische Instanzen geneigt, diese nicht zu a r t i k u l i e r e n . Entsprechend den sich ständig wandelnden Wertvorstellungen einer Gesellschaft ist die Zielfunktion im Zeitablauf v e r ä n d e r l i c h und somit einer ständigen Zielrevision unterworfen[28].

Weiterhin zeichnen sich öffentliche Investitionsentscheidungen dadurch aus, daß auch die Handlungsalternativen nicht klar analysiert und formuliert vorliegen, daß finanzielle Beschränkungen bestehen und daß die langfristig wirkenden Entscheidungen Risiken und Unsicherheiten unterliegen.

---

26) Vgl. hierzu die Aufsätze in der Stadtbauwelt 24 (1969) von FRANK E. MÜNNICH, Das Prinzip der Optimierung, S. 275-277; H. BEN-SAHAR, A. MAZOR und D. PINES, Optimierung und Stadtplanung. Grundlagen und Anwendung, S. 278-281; FRIEDER NASCHOLD, Optimierung: Möglichkeiten, Grenzen und Gefahren, S. 282-285, und die Diskussion darüber in der Stadtbauwelt 25 (1970) von H. PLATZ u.a., Diskussion. Über Möglichkeiten und Grenzen mathematischer Optimierungsmethoden, S. 58-59. Vgl. auch HEINZ DIEDRICH, Mathematische Optimierung: Ihr Rationalisierungsbeitrag für die Stadtentwicklung, Göttingen 1970.

27) Die folgenden Erörterungen stützen sich weitgehend auf die Ausführungen von WEISS, S. 6 ff.

28) Vgl. PAUL DAVIDOFF und THOMAS A. REINER, A Choice Theory of Planning, in: Journal of the American Institute of Planners, Baltimore, Vol 28 (1962), S. 106.

Das Verfahren, das hier skizziert werden soll, läuft darauf hinaus, komplexe Entscheidungsprobleme mit Hilfe eines systemanalytischen Ansatzes[29] zu strukturieren, d.h. mehrmals eine Folge von Denk- und Arbeitsschritten zu durchlaufen, wie sie in Abb. 1 dargestellt sind und im folgenden näher erläutert werden sollen.

Der Sinn und die Vorteilhaftigkeit dieser Vorgehensweise ergeben sich aus der Tatsache, daß das zu lösende Problem in der Praxis oft nur oberflächlich erfaßt ist und nicht mit all seinen Beziehungen zum Gesamtsystem erkannt wird und daß keine oder nur ungenaue bzw. inkonsistente Zielhierarchien bei den Entscheidungsträgern vorliegen.

Der mehrmalige Durchlauf dieses iterativen Prozesses soll hier mehr Klarheit schaffen und Entscheidungen ermöglichen, die sich auf eine größere Einsicht in die Struktur des Problems und die Auswirkungen seiner Lösungsmöglichkeiten gründen.

Der erste Schritt besteht darin, die logische Struktur des scheinbar offenkundigen Problems klarzulegen, d.h. das Bündel meist unstrukturierter Fragen aufzulösen und in Einzelprobleme zu zerlegen. Unter vorläufiger Annahme einiger Hypothesen wird der iterative Kreislauf einige Male durchlaufen, wobei sich oft neue Elemente und Beziehungen zwischen den Elementen des Problems zeigen und man erkennt, daß das Problem selten statisch bleibt. Hierdurch wird eine permanente Umformulierung des Problems erzwungen[30]. So ist z.B. das Problem "verstopfte Innenstadt" zu vage; für die Problemlösung kann es sehr wichtig sein, ob der Durchgangsverkehr, der Ziel-, der Quell- oder der Binnenverkehr maßgeblich die Verstopfung verursachen. Entsprechend ändert und präzisiert sich die Problemdefinition.

---

[29] Vgl. hierzu WEISS, S. 8. Ähnlich: EDWARD S. QUADE, Kosten-Wirksamkeits-Analyse, in: Nutzen-Kosten-Analyse und Programmbudget, hrsg. von Horst C. Recktenwald, Tübingen 1970, S. 236, 239. Kritische Anmerkungen zur Anwendung von Systemanalyse-Techniken auf gesellschaftliche Probleme im Aufgabenbereich der planenden Verwaltung macht IDA R. HOOS, Rumpelstilzchen, oder: eine Kritik an der Anwendung der Systemanalyse auf gesellschaftliche Probleme, in: Stadtbauwelt 25 (1970), S. 21-27.

[30] QUADE, Kosten-Wirksamkeits-Analyse, S. 239.

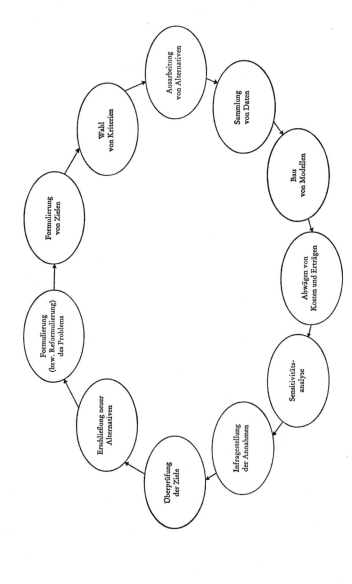

Abb. 1 - Der iterative Prozeß

Quelle: DIETER WEISS, Infrastrukturplanung. Ziele, Kriterien und Bewertung von Alternativen, Berlin 1971.

In dem gleichen Prozeß gilt es, die Ziele zu identifizieren, zu
präzisieren und zu formulieren, sowie eine konsistente Ziel-Mittel-
Hierarchie aufzustellen. Da die an der Zielfindung beteiligten gesellschaftlichen Gruppen ihre Konflikte selten gelöst haben[31],
sind die Prioritäten meist nicht geklärt und die Ziel-Mittel-Beziehungen zu vor- und nachgeordneten Ebenen häufig unklar. Das von
politischen Instanzen artikulierte Zielbündel besteht oftmals aus
Zielen, die weder kompatibel sind, wenn sie auf der gleichen Zielebene liegen, noch konsistent sind, wenn sie auf verschiedenen
Zielebenen liegen[32].

Manchmal sind die Ziele inhaltsleer und unverbindlich (z. B. Freiheit, Frieden, Gerechtigkeit), oder nicht konkret faßbar und operationalisiert (z. B. Schaffung einer ausreichenden Gesundheitsfürsorge), oder auch bereits zu speziell (z. B. Verbreiterung eines bestimmten Straßenabschnittes, wenn das eigentliche Ziel die
Schaffung von schnellen Transportmöglichkeiten von Stadtteil A
nach B ist und noch ganz andere Lösungsmöglichkeiten, wie z. B.
die Einrichtung einer Autobuslinie zuließe).

Da die Attraktivität eines Zieles auch von den Kosten seiner Erreichung, sowie den zu erwartenden Nebeneffekten[33] abhängt, müßten
die Zielformulierungen neben der Zielerreichung auch Kostenangaben
enthalten.

Ein weiteres Problem ist die Frage, auf welcher Zielebene die Analyse ansetzen soll, wenn eine vorläufige Zielstrukturierung erfolgt ist. Setzt man zu hoch in der Zielhierarchie an, so werden
die Inhalte immer unbestimmter und entziehen sich der Anwendung
quantitativer analytischer Methoden. Auf zu niederen Ebenen besteht

---

31) Dieses Problem wird sich mit der Einbeziehung der Planungsbetroffenen in den Zielfindungsprozeß eher verstärken.
32) Vgl. HANS C. RIEGER, Dramaturgie der Planung, in: Stadtbauwelt 25 (1970), S. 31.
33) Vgl. RIEGER, Dramaturgie, S. 31.

jedoch die Gefahr, mit exakten Methoden und empirischen Fakten einen Beitrag zur Erreichung eines anderen als des wirklich angestrebten Ziels zu leisten; es wird dann das falsche Problem gelöst[34]. Wichtiger als die Wahl der "richtigen" Alternativen ist daher die Wahl der "richtigen" Ziele[35].

"Nur nach zahlreichen Durchläufen des iterativen Prozesses gemäß Abb. 1 (vgl. S. 67), sowie intensiven Analysen von Detailaspekten des Gesamtkomplexes ist eine allmähliche Herausarbeitung derjenigen konkreten Ziele möglich, die unter den vorläufig abschätzbaren (nicht notwendigerweise starren) finanziellen, zeitlichen, administrativen, rechtlichen etc. Beschränkungen als realisierbar erscheinen"[36].

Nachdem die Problemstellung und die Ziele in etwa aufgezeigt wurden, stellt sich die Frage nach der Auswahl von Handlungsalternativen zur Erreichung dieser Ziele. Diese Auswahl erfolgt anhand von K r i t e r i e n , die Testgrößen darstellen, an denen der Grad der Zielerreichung der konkurrierenden Alternativen gemessen wird. Kriterien sind also operationalisierte Ziele.

Es ist offensichtlich, daß die Wahl von Kriterien auf unteren Ebenen der Zielhierarchie (z. B. Ausbau des Straßennetzes) einfacher ist als auf höheren (wie z. B. Verbesserung des Verkehrswesens). Grundsätzlich sollten quantitativ meßbare Kriterien (z. B. durchschnittliche Geschwindigkeit des Verkehrsflusses oder Zahl der Krankenhausbetten pro 1000 Einwohner) aufgestellt werden, wenngleich dies auch nicht notwendig für die Qualität und Sinnhaftig-

---

34) Vgl. McKEAN, Efficiency, S. 30.
35) Zur Frage, welcher beschränkte Spielraum in einer Planungskonzeption einer Analyse der Zielproblematik eingeräumt wird, siehe: GERHARD KADE und REINHARD HUJER, Zielfindungsprozesse im Beispiel staatlicher Forschungsplanung, in: Stadtbauwelt 32 (1971), S. 285-289.
36) WEISS, S. 15.

keit des Kriteriums bürgt[37]. Der Schwierigkeit, der Zielebene angemessene und möglichst präzise Kriterien zu finden, kann mit dem Versuch der Anwendung von angenäherten Kriterien und der Suboptimierung begegnet werden.

Mit a n g e n ä h e r t e n   K r i t e r i e n zu arbeiten heißt, mangels eines besseren zwar bewußt fragwürdige Kriterien zu wählen, sie jedoch nur als Teilinformationen zu verwerten und zusammen mit "Expert Judgements" und "Educated Guesses" zur Entscheidungsgrundlage zu machen[38].

Das Verfahren der S u b o p t i m i e r u n g ergibt sich aus dem Hinweis in Kapitel 2.3.1., ein komplexes Problem in Einzelprobleme aufzuspalten, was notwendig auch eine Aufgliederung von Zielen in Unterziele bedingt. Es gilt dann, Kriterien für die einzelnen Unterziele zu finden, die meist präziser und konkreter formuliert vorliegen. Es zeigt sich, daß diese Vorgehensweise der verwaltungsmäßigen Durchführbarkeit näherkommt und daß sich die Analyse durch größere Detailnähe auszeichnet. Jedoch muß die Gefahr im Auge behalten werden, durch Schaffung einer zu großen Zahl von Einzelproblemen und Unterzielen eine Konzentration auf Spezialaspekte zu bewirken, die die notwendige Berücksichtigung der Beziehungen und Abhängigkeiten des Subproblems zum Gesamtproblem verhindert.

Des weiteren ist in den Entscheidungskriterien auch die Zeitkomponente zu berücksichtigen, d.h. der zeitliche Ablauf von Planung und Durchführung, sowie der erwarteten Nutzungsdauer einer Alternative. Oftmals wird nicht "das beste System in einer weiteren Zukunft als das zweitbeste in absehbarer Zeit gefordert"[39].

---

37) Vgl. z.B. die Kritik des quantitativ und monetär erfaßbaren Kriteriums 'Sozialprodukt' als Meßgröße für den Wohlstand der Bevölkerung, unter 2.4.1., S. 56.
38) Hierbei darf nicht vergessen werden, daß mit der Auswahl der Experten und der Gewichtung ihrer Urteile erneut eine subjektive Wertung verbunden ist.
39) WEISS, S. 23.

Eine Präzisierung der Ziele und Kriterien ist kaum möglich ohne die Kenntnis des gegebenen Handlungsspielraumes, der bestehenden Alternativen und ihrer Wirkungen. Alternativen sind als Mittel zur Erreichung der Ziele anzusehen. Eine zu fordernde s y s t e m a - t i s c h e   A l t e r n a t i v e n s u c h e ist jedoch nur möglich, wenn genügend Klarheit über den Problemkomplex und die Zielebene besteht, d.h. wenn die Systemgröße bekannt ist, innerhalb derer Alternativen gesucht werden sollen.

Die Systemgröße darf nicht von Anfang an vorgegeben sein, da sonst die Gefahr besteht, vorschnell irrelevante Lösungsvorschläge zu erarbeiten. Bei einer Systemerweiterung ist zu bedenken, daß damit in der Regel der Übergang von relativ einfachen substitutiven zu komplementären und voneinander abhängigen Alternativen verbunden ist und daß auf dieser neuen Ebene die Alternativen auch unterschiedliche Beiträge zur Erreichung unterschiedlicher Ziele liefern können.

Eine ausschließlich problemorientierende Alternativensuche wird durch die gegenwärtige Struktur der Verwaltung erschwert. Es besteht die Tendenz, Alternativen aus der Sicht der Zuständigkeit der jeweiligen Abteilung oder des betroffenen Ressorts auszuwählen und lediglich Problemlösungen zu suchen, die die administrative Routine und den eingespielten Entscheidungsablauf nicht durchbrechen[40].

Auch bei der Alternativensuche zeigt es sich wieder, daß in den Frühstadien bei der Problemformulierung, Ziel- und Kriteriensuche keine abschließende Klarheit zu erlangen ist; es bedarf auch hier eines längeren iterativen Suchprozesses.

Um die gefundenen Alternativen hinsichtlich ihrer Kosten und Nutzen beurteilen zu können, müssen D a t e n gesammelt werden. Da Daten jedoch nicht willkürlich, sondern im Hinblick auf bestimmte Alternativen erhoben werden, diese sich aber erst im iterativen Prozeß der Analyse bei mehrfacher Reformulierung von Problemstellung und Zielen entwickeln, besteht die Gefahr der organisatorischen Verselbständigung der Datensammlung vom Rest der Analyse.

---

40) Vgl. unter 3.2.1.

Das Informationsbeschaffungsproblem besteht zum einen darin, daß der Informationsfluß innerhalb der Verwaltung - auf Grund eines Konkurrenzdenkens zwischen verschiedenen Ressorts oder Abteilungen - schleppend und ineffizient sein kann, zum anderen darin, daß die benötigten Daten nicht oder nicht in der gewünschten Form aus vorhandenen Statistiken, Unterlagen von Verbänden und Handelskammern etc. entnommen werden können. Erweist es sich als notwendig, Daten selbst zu erheben, so stellt sich das Problem des Verhältnisses von Informationsbeschaffungsaufwand zum Aufwand für die eigentliche Analyse.

Eine Datensammlung wird nie vollständig sein; der Abbruch der Erhebungen wird seltener durch Art und Umfang des Problems, als vielmehr durch personale, zeitliche, finanzielle und administrative Beschränkungen bestimmt.

M o d e l l e , als vereinfachende Abstraktion der Wirklichkeit verstanden, erlauben es, reale oder gedankliche Experimente durchzuführen, die in der Wirklichkeit zu teuer, zu langwierig oder auch zu risikoreich wären. Es geht dabei darum, diejenigen Aspekte der Wirklichkeit herauszugreifen, die für das Problem relevant erscheinen und Beziehungen zwischen ihnen zu formulieren. "Modelle in diesem Sinne reichen von verbalen Beschreibungen einer Situation (...) oder graphischen Wiedergaben (z. B. ein Stadtplan) über sequenzielle Formen der Expertenbefragung (z. B. nach der Delphi-Methode)[41], technische Apparaturen (z. B. für die Simulation von Verkehrsflüssen), Planspiele (z. B. Krisenspiele), mathematische Gleichungssysteme (z. B. lineare und nichtlineare Programmierung), Warteschlangen und Spieltheorie, Netzplantechnik, Input-Output-Analyse, ökonometrische Modelle, komplexe Stadtplanungsmodelle, Computermodelle zum Durchspielen von stochastischen Prozessen bis zur Zusammenfassung von Experten und Computern (z. B. bei Simulation von Konfliktsituationen)"[42].

---

41) Vgl. CARL BÖHRET, Entscheidungshilfen der Regierung. Modelle, Instrumente, Probleme, Opladen 1970, S. 69 ff. Vgl. MARTIN WAGNER und DIETER STROMBURG, Der Nutzwert von Alternativen. Zur Anwendung der Delphi-Methode in der Stadtplanung, in: Stadtbauwelt 24 (1969), S. 272-276.
42) WEISS, S. 30.

Weiss[43] faßt folgende Modelltypen nach dem Grad der Abstraktion von der Wirklichkeit zusammen: Experimente in Ausschnitten der Wirklichkeit (z. B. ein Modellkindergarten als Testfall), Planspiele (z. B. Konfliktsituationen bei Altstadtsanierungen), Simulationsmodelle (z. B. Verkehrseinflüsse bei verschiedenen Transportsystemen) und analytische Modelle (z. B. technische Auslegung von Straßen, Brücken und Signalanlagen).

Abb. 2 - Beispiele von Problemen und anwendbaren Modellen[+]

Problembeispiele \ Modelle	Experimente in Ausschnitten der Wirklichkeit	Planspiele	Simulationen	Analytische Modelle
A) Modell-Kindergarten	x			
B) Konfliktsituationen bei Altstadtsanierungen		x	x	
C) Verkehrsflüsse bei verschiedenen Transportsystemen			x	x
D) Technische Auslegung von Straßen, Brücken und Signalanlagen				x

[+] In Anlehnung an WEISS, S. 33.

Bedenklich wird die Verwendung von Modellen, wenn für die Analytiker die Rechenmechanik und die technischen Beziehungen des Modells stärker im Vordergrund zu stehen scheinen als die eigentliche Fragestellung des Problems. "Sie können auf diese Weise viel über die Einsichten sagen, die aus dem Modell gezogen werden können, aber sehr wenig über die Frage, die sie ursprünglich beantworten wollten"[44].

---

43) WEISS, S. 30 ff.
44) HANS ALBERT, Theorie und Prognose in den Sozialwissenschaften, in: Logik der Sozialwissenschaften, hrsg. von Ernst Topitsch, Köln und Berlin 1970, S. 127 f.

Die Modellanalyse kann wesentlich dazu beitragen, neue Ziele und neue Alternativen zu erkennen, sowie die Auswirkungen verschiedener Handlungsalternativen aufzuzeigen.

Die nächsten Schritte in dem iterativen Prozeß sind das Abwägen der Kosten und Nutzen jeder Alternative und die Durchführung von Sensitivitätsanalysen.

An dieser Stelle wäre an die Anwendung der Kosten-Nutzen-Analyse zu denken, d.h. die Aufbereitung und Zuordnung der Daten zu Kosten und Nutzen, die Bewertung dieser Effekte, die Berücksichtigung des Zeitmomentes, die Anwendung der Investitionskriterien und der Sensitivitätsanalysen.

Hierbei ergeben sich jedoch folgende Probleme:
Der Wert des aufgezeigten Informationsverarbeitungsprozesses für die Stadtentwicklungsplanung liegt in seiner W i e d e r h o l u n g . Erst der mehrmalige Durchlauf des Prozesses führt zu einer Aufhellung des eigentlichen Problems, zu einer Klärung der angestrebten Ziele, zu präzisen Kriterien und problemadäquaten Alternativen. Da in jedem Durchlauf der Arbeitsschritt "Abwägen von Kosten und Erträgen" enthalten ist, müßte jeweils eine vollständige KNA erarbeitet werden. Dies ist unmöglich, da einerseits der finanzielle Aufwand zu hoch wäre und da andererseits durch den zeitlichen Aufwand der Informationsverarbeitungsprozeß an Effektivität verlieren würde.

Als Ausweg wäre daran zu denken, die eigentliche Kosten-Nutzen-Analyse erst beim voraussichtlich letzten Stand der Alternativen anzuwenden und sich bei den vorherigen Durchläufen des iterativen Prozesses mit einem mehr pauschalen Abwägen von Kosten und Nutzen zu begnügen.

Ein Problem ergibt sich jedoch daraus, daß der KNA die eindimensionale, starre Zielfunktion der ökonomischen Effizienz zugrundeliegt, im Informationsverarbeitungsprozeß jedoch mit ständig wechselnden

Zielen gearbeitet wird. Ist der Zielfindungsprozeß schließlich abgeschlossen, so besteht die Möglichkeit, daß das angestrebte Ziel nicht mit dem der KNA übereinstimmt, bzw. daß bei einem angestrebten Ziel b ü n d e l - und dies ist bei Stadtplanungsprojekten nicht nur möglich, sondern sogar wahrscheinlich - die ökonomische Effizienz nur ein Ziel unter mehreren ist.

In diesen Fällen wird mit den Ergebnissen einer Kosten-Nutzen-Analyse nicht oder nur zum Teil auf die gestellten Fragen geantwortet, und von einer Entscheidungshilfe kann kaum mehr gesprochen werden.

Durch die Vernachlässigung nicht-ökonomischer Inhalte von Zielen der Stadtentwicklungsplanung wird die Komplexität der Probleme unzulässig reduziert.

Schließlich ist erneut darauf hinzuweisen, daß die mit der Kosten-Nutzen-Analyse angestrebte Rationalität und Effizienz eine andere ist als die, die den Vorstellungen einer Stadtentwicklungsplanung zugrundeliegt[45] und daß mit einem Rückgriff auf die KNA als Entscheidungshilfe am Ende des Ziel- und Entscheidungsfindungsprozesses wesentliche Entscheidungsgesichtspunkte wieder aufgegeben werden. Die Reichhaltigkeit der in dem iterativen Prozeß mühsam gewonnenen Informationen und Erkenntnisse findet nur sehr begrenzt Eingang in eine KNA und ist als verloren anzusehen.

Betrachtet man auf Grund dieser Tatsache das Ergebnis einer Kosten-Nutzen-Analyse lediglich als Teilinformation neben den Informationen und Erkenntnissen, die keinen Eingang in die Analyse finden konnten, so stellt sich die Frage, ob das Verhältnis von finanziellem, zeitlichem und personellem Aufwand der Analyse zu dem Stellenwert ihres Ergebnisses bei der Entscheidungsfindung eine Anwendung noch gerechtfertigt erscheinen läßt.

---

45) Vgl. S. 62 f.

Zu bedenken ist außerdem die G e f a h r , daß das Ergebnis einer KNA als Teilinformation gegenüber den anderen Gesichtspunkten zu hoch bewertet wird. Dies auf Grund der bestechenden Eleganz und des hohen Aufwandes der Analyse, auf Grund einer gewissen "Zahlengläubigkeit" bzw. der größeren Anziehungskraft quantitativ meß- und bewertbarer Ergebnisse gegenüber "nur" qualitativ bestimmbaren Werten und vielleicht auch auf Grund der Tatsache, daß die Einsicht, welche Teilaspekte eines Entscheidungsproblems die KNA nur verarbeitet, bzw. in welchem Ausmaß willkürliche Annahmen und subjektive Wertungen in einer Analyse enthalten sind, nicht bei allen am Entscheidungsprozeß Beteiligten[46] vorausgesetzt werden kann.

Eine Anwendung der traditionellen KNA in dem Informationsverarbeitungsprozeß, der den Anforderungen einer Stadtentwicklungsplanung gerecht zu werden versucht, erscheint nicht sinnvoll. Auf Variationen und Alternativen der KNA, die den Ansprüchen des iterativen Prozesses eventuell entgegenkommen, wird in Kapitel 3.4. und 4. eingegangen.

3.2. RAHMEN FÜR DIE ANWENDBARKEIT DER KOSTEN-NUTZEN-ANALYSE

3.2.1. VERWALTUNGSSTRUKTUR

Wie schon mehrfach angedeutet, ist eine der bestimmenden Rahmenbedingungen für die Anwendbarkeit der Kosten-Nutzen-Analyse die Struktur der Institution, in der die Analyse erstellt wird. Die Durchführung einer KNA setzt voraus, daß die Bedingungen für eine möglichst uneingeschränkte Informationsgewinnung, -weiterleitung und -verarbeitung gewährleistet sind. Diese Anforderungen sind nicht unabhängig von der Frage zu sehen, in welchem Maße die heutige Struktur der Verwaltung überhaupt geeignet ist, den anstehenden Aufgaben einer Stadtentwicklungsplanung angemessen zu begegnen.

---

[46] Hier ist besonders an die Planungsbetroffenen zu denken, denen entsprechende Fachkenntnisse in der Regel fehlen werden.

Das hervorstechende Strukturmerkmal der Verwaltung ist ihr hierarchischer Aufbau[47]. Neben dem historischen Ursprung als "Herrschaftsapparat souveräner Territorial-Fürsten"[48] ist dies auch auf das klassische Konzept der Gewaltenteilung zurückzuführen, das der Verwaltung ausschließlich die Funktion der "vollziehenden Gewalt"[49] übertrug. Die Bindung an das Gesetz machte Verwaltungsakte grundsätzlich vorherseh- und berechenbar.

Das hierarchische Strukturprinzip ermöglicht es, die zum Vollzug übertragenen Aufgaben arbeitsteilig aufzugliedern und nebeneinander und im Prinzip unabhängig voneinander zu erledigen. Diese, im Kern bis heute kaum weiterentwickelte Verwaltungsstruktur, weist folgende für die Planung bedeutsame Charakterzüge auf[50]:

- Es besteht eine strenge hierarchische Gliederung nach dem Prinzip der Über- bzw. Unterordnung. Dies bedeutet nicht nur, daß Anweisungen und Informationen den vorgeschriebenen Instanzenweg durchlaufen, es bedeutet auch, daß z.B. Kontakte, sei es zu anderen Behörden, sei es zur "Außenwelt", hierarchisch vermittelt werden, d.h. in der Regel über die Amtsspitzen laufen.
- Es besteht eine klare Aufteilung der Kompetenzen. Der durch diese organisatorische Arbeitsteilung begrenzte Verantwortungsbereich führt zur Vernachlässigung von Problemen und Interessen, die außerhalb dieses Verantwortungsbereiches liegen. Eine weitere Folge ist die, daß die Bedingungen außerhalb des Verantwortungsbereiches als Sachzwänge hingenommen werden, obwohl sie prinzipiell politisch veränderbar wären.
- Ein weiteres Kennzeichen der Verwaltung ist die Regelgebundenheit, d.h. das Handeln nach festgelegten Anweisungen, das im Prinzip keinen Ermessensspielraum zuläßt.

---

47) Vgl. hierzu: GRAUHAN, Zur Struktur, S. 132 f.
48) Ebenda, S. 132. Auf die Funktion und Struktur der öffentlichen Verwaltung um die Jahrhundertwende verweist HORST HARNISCHFEGER, Strukturprobleme planender Verwaltung, in: Archiv für Kommunalwissenschaften, Jg. 10 (1971), S. 212 f.
49) Vgl. auch Art. 20 Abs. 2 Grundgesetz.
50) Vgl. TESCHNER, S. 282 f.; HARNISCHFEGER, S. 215; SCHARPF, S. 16.

Entscheidungen werden normalerweise auch nicht durch Diskussionen vorbereitet, sondern durch isolierte Stellungnahmen der Sachbearbeiter.

Es soll unbestritten sein, daß im konkreten Einzelfall die geschilderten Charakterzüge durchaus gemildert auftreten können. Im Prinzip ist jedoch die Verwaltung auch auf Gemeindeebene durch diese Punkte gekennzeichnet, und es fragt sich, welche Auswirkungen dies auf die Bewältigung von Planungsaufgaben hat.

Zunächst ist festzustellen, daß die Funktionsweise dieser hierarchischen Organisation auf einer klaren Trennung von Politik und Verwaltung basiert, die jedoch immer offensichtlicher eine fiktive Trennung ist. Der Funktionswandel des Staates vom Ordnungsgaranten zum Interventionsstaat[51] ging einher mit dem Wandel von der reaktiven physischen Auffangplanung zur aktiven Entwicklungsplanung[52], die in ihrem Inhalt u m f a s s e n d e r und in ihrem Charakter p o - l i t i s c h e r ist. Letzteres ist darauf zurückzuführen[53], daß a) die v o r b e u g e n d e Abwendung von Krisen eine Planungsaufgabe ist, die in der Regel mehrere Alternativen zuläßt und nicht unter einem unmittelbaren Handlungszwang steht, daß b) mit dem zunehmenden Z e i t h o r i z o n t der Planung die Basisdaten zu politisch gesetzten Zielzahlen werden und daß c) die Flächenplanung um andere, politisch zu bestimmende Planungsbereiche (wie etwa Bildung und Gesundheit) e r w e i t e r t wird.

Diese Erweiterung des Aufgabenbereiches und die Tatsache, daß die meisten Vorlagen für die parlamentarische Willensbildung aus der Verwaltung hervorgehen, bringen es mit sich, daß die Stadtverwaltung zum Teil selbst Ziele aufstellen und Prioritäten setzen muß, d.h. auf Gebieten tätig wird, die ausschließlich politischen Instanzen vorbehalten waren. Abgesehen vom Legitimationsproblem[54] und der weitgehenden Rückstufung der Parlamente auf Ratifikationsorgane[55] bedeutet dies ein konfliktreiches Verhältnis zwischen der Struktur der Verwaltung

---

51) Vgl. S. 61.
52) Vgl. S.60 ff.
53) Vgl. R. DILCHER u.a., S. 57.
54) Vgl. S.88 ff.
55) Vgl. unter 3.2.3., S. 90.

und ihrer Aufgabenerfüllung, denn sie ist immer noch so organisiert, als wenn sie lediglich für den Vollzug der von parlamentarischen Gremien aufgestellten Ziele zu sorgen hätte[56].

Da die politischen Instanzen nur ungern langfristige Ziele formulieren[57] und diese dann zudem meist Leerformeln sind, die zur Verwendung im Planungsprozeß erst operationalisiert werden müssen, orientieren sich die Fachressorts an selbstgewählten, isolierten Zielen, die mit denen der anderen Ressorts nur selten abgestimmt sind und daher insgesamt widersprüchlich sein können.

Ein weiteres Problem der Verwaltung ist die schwache finanzielle und personelle Ausstattung[58]. Hier ist einmal auf die Finanznot der Gemeinden überhaupt hinzuweisen (Frage des Finanzausgleiches), aber auch auf die Tatsache, daß mit dem Strukturwandel der Verwaltung zwar die Übernahme vieler neuer Aufgaben einhergeht, die Ausstattung zur Bewältigung der Aufgaben dieser Entwicklung jedoch kaum angepaßt wird.

Darüber hinaus ist auch die A u s b i l d u n g des Personals zu erwähnen, die sich immer noch weitgehend an der althergebrachten Struktur der Verwaltung und den alten Aufgaben orientiert[59]. In zunehmendem Maße verlangen die Probleme der Stadtentwicklung neben den bisherigen Routine- und adaptiven Entscheidungen innovative Entscheidungen[60]. Für den Sachbearbeiter bedeutet dies, daß er immer mehr Funktionen übernehmen muß, die früher allein von Vorgesetzten wahrgenommen wurden und daß die Probleme eine größere geistige Flexibilität und ein Denken in Alternativen verlangen.

Die organisatorischen Voraussetzungen für eine Stadtentwicklungsplanung sind mit diesen Bedingungen kaum gegeben. Die anstehenden Probleme sind in der Regel so komplex und vielschichtig, daß sie nicht von jeweils einer der säulenartig nebeneinanderstehenden Fachabteilungen angemessen gelöst werden können.

---

56) Vgl. TESCHNER, S. 284.
57) Weil dies eine Offenlegung von langfristigen Interessen und eventuell eine Bindung an ein zu konkretes politisches Programm bedeutete.
58) Vgl. FRIDO WAGENER, Neubau der Verwaltung. Gliederung der öffentlichen Aufgaben und ihrer Träger nach Effektivität und Integrationswert, Berlin 1969, S. 86 ff.
59) Ebenda, S. 93.
60) Zur Klärung und inhaltlichen Füllung dieser Begriffe siehe WILLIAM GORE, Fragment einer Entscheidungstheorie, in: Stadtbauwelt 25 (1970), S. 35 ff.

Ein Problemlösungsverfahren, etwa in der Art des in Kapitel 3.1. skizzierten iterativen Prozesses, verlangt eine ressortübergreifende Planung, die mit dem heutigen Aufbau der Verwaltung nur schwer geleistet werden kann. Selbst innerhalb eines Ressorts ist auf Grund der hierarchischen Gliederung des Informationsflusses eine Informationsselektion unvermeidlich, so daß auch aus diesem Grund eine problemadäquate Entscheidungsfindung in Frage gestellt ist.

Eine stärkere Öffnung der Verwaltung nach außen, der Dialog mit den Planungsbetroffenen, die Auseinandersetzung um unterschiedliche Zielvorstellungen, wird in der Regel ebenfalls nicht geleistet und steht damit einer rationalen und effizienten Stadtentwicklungsplanung[61] entgegen.

Es gibt sehr viele Vorschläge für Verwaltungsreformen; sie können jedoch hier nicht im einzelnen verfolgt werden[62]. Im Hinblick auf die Schaffung besserer Voraussetzungen für problemadäquate Lösungen von Planungsaufgaben, und damit indirekt auch für die Anwendung der Kosten-Nutzen-Analyse, sollen jedoch einige Lösungen und Auswege grundsätzlicher Art kurz aufgezeigt werden.

Grundsätzlich ist zu betonen, daß die gegenwärtige Struktur der Planung zwar eher hemmt als fördert, daß eine radikale Änderung jedoch nicht notwendigerweise eine Besserung bringen muß, da "entscheidend für effektives Funktionieren von Organisationen die Kommunikation und Interaktion ist, die beim tatsächlichen Fällen von Entscheidungen stattfindet"[63]. Mit einer Änderung der Form (Verwaltungsstruktur) muß eine Änderung des Inhaltes (Entscheidungsablauf) einhergehen, die dem Wandel der Verwaltung von der Norm- zur Problem- bzw. Zielorientierung Rechnung trägt[64].

---

61) Vgl. S. 62 f.
62) Als Beispiel dafür, daß diese Probleme auch in Verwaltungskreisen gesehen und diskutiert werden und daß Neuorientierungen mit entsprechenden praktischen Folgen bereits stattgefunden haben, mag die Stadt Berlin angeführt werden. Vgl. DRUCKSACHEN DES ABGEORDNETENHAUSES VON BERLIN, V. Wahlperiode, Nr. 1093 und 1130; HORST GRYSCZYK, Verwaltung in der Reform. Über den Stand einiger Reformen in der Berliner Verwaltung, in: Recht und Politik, 1971, S. 133-137; NIELS DIEDERICH, Das Berliner Planungssystem. Ein Beitrag zur Stadtentwicklungsplanung, in: Recht und Politik, 1973, S. 10-17.
63) BOLAN, S. 19.
64) Vgl. HARNISCHFEGER, S. 224 ff.

Teschner[65] macht hierzu folgende Vorschläge:

- Relativierung der hierarchischen Arbeits- und Kompetenzaufteilung zugunsten einer Stärkung der Formen horizontaler Kooperation.
- Geregelte Formen, um die Verwaltung nach außen zu stärken.
- Stärkere kontinuierliche Verzahnung der planenden Verwaltung mit den Vertretern politischer Beschlußgremien bereits im Prozeß der Entscheidungsvorbereitung.
- Stärkere Rückkoppelung mit den Instanzen der Realisierung von Planungen, d.h. kollektive Arbeitsformen zwischen Amtsinhabern verschiedener Kompetenz.
- Ermöglichung der Bildung von kooperativen, team-orientierten Ad-hoc-Gruppen für spezielle komplexe Planungsprojekte, deren Mitglieder während dieser Zeit aus der Kompetenzhierarchie ausgegliedert werden.

Aus einer dynamischen Sicht des Planungsprozesses, in dem auch allgemeine Planziele ständig in Frage gestellt werden, fordert Grauhan[66] die Schaffung von Initiativzentren, von denen Anstöße zu neuen Planungskonzeptionen ausgehen sollen. Diese Zentren sind sicherlich in verschiedenen Formen denkbar; von einem verwaltungsinternen Planungsstab[67] mit möglicherweise wechselnden Mitarbeitern aus den Ressorts bis zu verwaltungsexternen Planungsberatern[68].

Als wesentlicher Punkt ist auf die Notwendigkeit einer Beteiligung der Planungsbetroffenen am Ziel- und Entscheidungsfindungsprozeß hinzuweisen. Die Organisationsformen hierzu sind problematisch und befinden sich zumeist noch im Experimentierstadium[69].

---

65) TESCHNER, S. 285.
66) Vgl. GRAUHAN, Zur Struktur, S. 136.
67) Vgl. BÖHRET, S. 57. Bedenken gegen zentrale Planungsstäbe macht Luhmann geltend: LUHMANN, S. 295.
68) Vgl. BÖHRET, S. 59. Auf die Möglichkeit der Einschaltung der Wissenschaft verweist HARNISCHFEGER, S. 225. Der Problematik der Kooperation von Wissenschaft und Politik widmet sich ausführlich KLAUS LOMPE in: Wissenschaftliche Beratung der Politik. Ein Beitrag zur Theorie anwendender Sozialwissenschaften, Göttingen 1966. Einen Erfahrungsbericht zur Planungsberatung gibt EGBERT KOSSAK, Kooperation. Kooperationsformen der Planungsberatung, in: Stadtbauwelt 33 (1972), S. 45-47.
69) Vgl. S. 93 f.

Ohne Zweifel enthalten diese Anregungen neue Probleme, doch scheint mir hiermit ein Weg aufgezeigt, die Verwaltung flexibler zu gestalten und bessere Voraussetzungen für die Lösung der vielschichtigen Probleme der Stadtplanung zu schaffen. Indirekt ist mit diesen Vorschlägen auch eine Verbesserung der Voraussetzungen zur Anwendung der Kosten-Nutzen-Analyse in der Stadtplanung gegeben, da informelle Kooperation, Kontakte und Erfahrungsaustausch wesentliche Bedingungen für eine gute Informationsgewinnung, -weiterleitung und -verarbeitung sind.

3.2.2. BUDGETIERUNGSVERFAHREN

In diesem Kapitel soll untersucht werden, inwieweit die Budgetierungsverfahren der öffentlichen Haushalte den Anforderungen einer Stadtentwicklungsplanung entsprechen und inwieweit durch sie Restriktionen geschaffen werden, denen sich der Kosten-Nutzen-Analytiker ausgesetzt sieht.

Die öffentlichen Haushalte in der Bundesrepublik sind vom institutionell-administrativ orientierten Ministerialprinzip geprägt[70], d.h. die Gliederung der Ausgaben muß erkennen lassen, welche Ausgaben von den einzelnen Verwaltungsbereichen getätigt werden. Im Vordergrund steht die Frage nach der Verantwortung gegenüber dem Parlament und nicht die einer Gliederung nach sachlichen und funktionellen Gesichtspunkten (Realprinzip).

Der Gesamthaushalt und die Einzelpläne der Ressorts werden in aller Regel in einem politischen Prozeß beschlossen, dessen Entscheidungsgrundlage nicht die Kenntnis der mit den Ausgaben zu erreichenden Effekte, sondern lediglich relativ globale Kostenvorstellungen sind. Es werden somit Prioritäten und finanzielle Beschränkungen gesetzt, die sich an den Kosten orientieren, ohne eine Vorstellung von den damit verbundenen Nutzen zu haben.

---

70) Vgl. KOLMS, S. 70 f.

Erstmals mit der Haushaltsreform von 1969 wird versucht, über die fiskalischen Belange hinaus die Erkenntnisse einer Wirtschaftlichkeitsermittlung zu nutzen. Im § 6 des Haushaltsgrundsätzegesetzes (HGrG)[71] heißt es:

(1) Bei Aufstellung und Ausführung des Haushaltsplanes sind die Grundsätze der Wirtschaftlichkeit und Sparsamkeit zu beachten.

(2) Für geeignete Maßnahmen von erheblicher finanzieller Bedeutung sind Nutzen-Kosten-Untersuchungen anzustellen.

Da das HGrG nur für die Ebene des Bundes und der Länder gilt, sind im Rahmen von Stadtplanungsprojekten nur die Stadtstaaten Berlin, Hamburg und Bremen hiervon betroffen. Für alle anderen Städte und Gemeinden gilt zur Zeit noch das fast vier Jahrzehnte alte und bisher kaum geänderte Gemeindehaushaltsrecht, das derartige Regelungen nicht vorsieht.

Doch schon von 1974 an wird in den meisten Bundesländern ein neues Gemeindehaushaltsrecht Anwendung finden, das sich an einem von der Innenministerkonferenz erarbeiteten Musterentwurf[72] orientiert und weitgehend bundeseinheitlich geregelt werden soll.

In diesem Musterentwurf sind die Grundsätze der Wirtschaftlichkeit und Sparsamkeit jetzt als Muß-Vorschrift in § 1 Abs. 2 der Gemeindeordnung geregelt[73]. Mit Rücksicht auf die Finanz- und Personalnot der Gemeinden wurde auf die Erstellung von Kosten-Nutzen-Analysen für Investitionen von erheblicher finanzieller Bedeutung verzichtet. Als Soll-Vorschrift hat man in § 10 (2) des Musterentwurfs lediglich einen Vergleich der K o s t e n alternativer Projekte aufgenommen[74]. Somit ist auf voraussichtlich lange Zeit keine haus-

---

71) Vgl. LEICHT, S. 82.
72) Abgedruckt und kommentiert in: STEFAN DEPIEREUX, Das neue Haushaltsrecht der Gemeinden, Siegburg 1972.
73) Ebenda, S. 30 und 223.
74) Ebenda, S. 23, 79 und 241.

haltsrechtliche Empfehlung, geschweige denn eine Verpflichtung der Kommunalverwaltungen gegeben, Untersuchungen über den voraussichtlichen Nutzen der geplanten Investitionen anzustellen.

Das Budget der öffentlichen Haushalte ist durch eine Mischung aus dem "requirement"[75] und dem "budget first approach"[76] gekennzeichnet. Beim ersten, dem Bedürfnis-Ansatz werden Mittelanforderungen für einzelne Projekte unabhängig von den Kosten geltend gemacht, die dann miteinander konkurrieren und zur Durchsetzung jeweils politischer Unterstützung bedürfen[77]. Beim zweiten Vorgehen wird das Ausgabevolumen (z. B. aus konjunkturpolitischen Gründen) ohne Kenntnis der Projekte bzw. des Nutzens der Projekte festgesetzt. Dies läßt sowohl den Fall zu, daß Investitionen mit hohen Nutzen wegen der finanziellen Beschränkung unterbleiben, als auch den Fall, daß Projekte mit geringem Nutzen nur deshalb eingeplant werden, weil noch Deckungsmittel zur Verfügung stehen[78].

Diese Ansätze werden zwar durch die Verpflichtung der Gemeinden, eine fünfjährige Finanzplanung vorzunehmen, der ein Investitionsprogramm zugrundeliegt[79], gemildert, doch ist festzustellen, daß die Aufstellung der Haushalte grundsätzlich ohne Kenntnis des voraussichtlichen Nutzens der Ausgaben erfolgt.

Dieses System der Mittelzuweisung begünstigt geradezu die Planung nach Engpaß-Gesichtspunkten, d. h. eine kurzfristige reaktive Planung, die offensichtlich und dringlich gewordene Mißstände beseitigen soll. Eine offensive Zielplanung ist bei dieser Struktur des administrativen Entscheidungsablaufes nur schwer möglich, da sich weder die Aufstellung und Verteilung von Haushaltsmitteln an einer

---

75) Vgl. McKEAN, Efficiency, S. 11.
76) Vgl. ECKSTEIN, zitiert nach W. DREES, Efficiency in Government Spending. General Report, in: Public Finance, Den Haag, Vol. 22 (1967), S. 7.
77) Vgl. WEISS, S. 5.
78) Vgl. GERHARD SEILER, Prioritäten und Nutzenmaximierung, in: Finanzarchiv, Bd. 30 (1972), S. 425.
79) Vgl. § 9 des Musterentwurfs der Gemeindeordnung in DEPIEREUX, S. 227.

Zielhierarchie orientiert, noch alternative Projekte und Programme mit ihren unterschiedlichen Auswirkungen auf das Gesamtsystem zur Entscheidungsfindung herangezogen werden. "Der logische Prozeß der Auswahl von Alternativen anhand von Kriterien in Hinblick auf Zielsetzungen ist in der gegebenen organisatorisch-administrativen Entscheidungsstruktur nicht durch eingebaute Mechanismen und Sanktionen institutionalisiert"[80]. Es ist somit ein Widerspruch festzustellen zwischen der output-orientierten Stadtentwicklungsplanung, dem output-orientierten Instrument der Kosten-Nutzen-Analyse, das die Vorteilhaftigkeit einzelner Projekte ermitteln soll, und den praktizierten input-orientierten Budgetierungsverfahren, mit denen u.a. die Finanzmittel für die Projekte bestimmt werden sollen.

Eine Alternative wird in der Budgetierung nach dem Planning-Programming-Budgeting-System (P.P.B.S.)[81] gesehen, das die Nutzung der Vorteile einer zielgerichteten Planung nach Prioritäten ermöglichen soll. Dieses hinsichtlich seiner Brauchbarkeit umstrittene Konzept beruht auf einer Verknüpfung von jährlicher Budgetierung und mehrjähriger Finanzplanung, der Neugliederung des Budgets nach funktionellen Gesichtspunkten, der weitgehenden Anwendung der Kosten-Nutzen-Analyse und einer Reorganisation der Verwaltung.

---

80) WEISS, S. 6.
81) Ausführliche Darstellungen und Erörterungen finden sich u.a. in: NUTZEN-KOSTEN-ANALYSE UND PROGRAMMBUDGET mit folgenden Beiträgen: D. NOVICK, Das Programmbudget: Grundlage einer langfristigen Planung, S. 155-163; D. R. ESCARRAZ, Alternative Aufgaben für das P.P.B.S., S. 193-203; G. H. FISHER, Kosten-Nutzen-Analyse und Programmbudget, S. 205-218; S. M. GREENHOUSE, Das Programmbudget: Der fatale Triumph des Finanzmanagements über die Ökonomie, S. 389-399; R. N. McKEAN, Offene Probleme des Programmbudgets, S. 401-414. Ferner GRESSER, Das Planning-Programming-Budgeting-System; BERT RÜRUP, Die Programmfunktion des Bundeshaushaltsplanes. Die deutsche Haushaltsreform im Lichte der amerikanischen Erfahrungen mit dem Planning-Programming-Budgeting-System, Berlin 1971.

Die markante Neuerung liegt darin, daß nicht nach administrativen Kategorien (z. B. Ministerialplan) oder Aufwandskategorien (z. B. Funktionenplan) geplant wird, sondern eine Gruppierung nach Endprodukten, d. h. der zielbezogenen Leistung der staatlichen Aktivität, erfolgt[82]. Die Technik des P.P.B.S. besteht aus vier Schritten[83]:

- Identifizierung von Zielen und Bestimmung von Prioritäten.

- Suche nach und Auswahl zwischen Alternativen.

- Abklärung des Mitteleinsatzes mit Hilfe von Kosten-Nutzen-Analysen.

- Übertragung der benötigten Ressourcen in Budgetgeldeinheiten.

Der anfängliche Enthusiasmus, der in den USA dazu führte, daß 1965 - nach dem Einsatz im Verteidigungsministerium (1961) - 20 weitere Ressorts das Konzept übernahmen[84], ist offensichtlich einer kritischeren Sicht gewichen[85]. Nicht zuletzt tragen auch die theoretischen und praktischen Schwierigkeiten der KNA dazu bei, die Anwendung des P.P.B.S. in Frage zu stellen[86]. Ob jedoch mit einem reduzierten Anspruch und Änderungen im Verfahren (z. B. Ersatz der Kosten-Nutzen-Analyse durch die Kosten-Wirksamkeits-Analyse) dennoch ein Verfahren übrig bleibt, das eine Haushaltsplanaufstellung ermöglicht, die den Anforderungen einer Entwicklungsplanung Rechnung trägt, ist noch eine offene Frage.

---

82) Vgl. RÜRUP, S. 59.
83) Vgl. auch GRESSER, S. 6 f., und FREY, S. 123 f.
84) Vgl. BUSMANN u.a., S. G 138.
85) Ebenda, S. 139 ff. Vgl. GRESSER, Kap. 4, S. 22-54; RÜRUP, S. 113 ff.; vgl. REIMUT JOCHIMSEN, Überlegungen zur mittel- und längerfristigen Aufgabenplanung und deren Einfluß auf die Vorbereitung der Haushaltsentscheidungen, in: Gesellschaftsplanung in kapitalistischen und sozialistischen Systemen, hrsg. von J. Esser, F. Naschold und W. Fäth, Gütersloh 1972, S. 254. Zur Analyse des Mißerfolgs des P.P.B.S. in den USA siehe ALLAN SCHICK, A Death in the Bureaucracy: The Demise of Federal PPB, in: Public Administration Review, Washington, Vol. 33 (1973), S. 146-156.
86) Hier ist insbesondere darauf hinzuweisen, daß sich die Bedenken gegen die Ausrichtung staatlicher Maßnahmen an dem starren ökonomischen Effizienzziel der KNA noch erheblich vergrößern, wenn danach ein ganzer Haushalt aufgestellt und aufgeteilt werden soll.
Zur Diskussion der administrativen Probleme, die durch die Anwendung des P.P.B.S. entstehen, siehe BÖHRET, S. 227 ff.

3.2.3. BETEILIGUNG DER ÖFFENTLICHKEIT

In den folgenden Überlegungen soll weniger die Problematik der Öffentlichkeit als staatstheoretische und politische Kategorie[87] behandelt werden; vielmehr gilt es, auf einige Beziehungen zwischen der verstärkten sozialgestaltenden Funktion der Verwaltung und den durch ihre Maßnahmen Betroffenen hinzuweisen[88].

Auf die Frage, warum die Öffentlichkeit[89] überhaupt an der Planung beteiligt werden sollte, bietet die Literatur eine ganze Palette von Argumenten[90]. Eine mehr technokratische Motivation steht hinter Begründungen wie "Planung schafft Verunsicherung"[91], in der "Öffentlichkeit herrscht Unbehagen und Mißtrauen gegenüber der planenden Verwaltung"[92], Beteiligung hilft bei der "Vermittlung des Neuen"[93], signalisiert rechtzeitig Engpässe und dient so als "Früh-

---

87) Etwa im Sinne von JÜRGEN HABERMAS, Strukturwandel der Öffentlichkeit, Neuwied 1962.

88) Da hier nur einige Aspekte der vielschichtigen Problematik herausgegriffen werden, sei auf die Dokumentation von CHR. FISCHER und V. PATKE, Literatur zu Planung und Öffentlichkeit in: Stadtbauwelt 25 (1970), S. 60 f., verwiesen. Eine Zusammenstellung theoretischer Aufsätze wie auch praktischer Erfahrungsberichte wird jeweils geboten in: PLANUNG UND ÖFFENTLICHKEIT. Demokratisierung von Planungsprozessen. Tagungsbericht vom 12.-14. Oktober 1970, hrsg. von Detlef Affeld, (Abteilung Raumplanung Universität Dortmund), und BÜRGERINITIATIVEN. Schritte zur Veränderung?, hrsg. von Heinz Grossmann, Frankfurt 1971.

89) Als Sammelbegriff sollen hierunter zunächst alle Personen und Gruppen in der Gesellschaft verstanden werden. Vgl. EKKO FLICK, Planung und Öffentlichkeit. Gegenwärtige rechtliche und institutionelle Grundlagen für eine Demokratisierung der Planung, in: Planung und Öffentlichkeit, hrsg. von Detlef Affeld, 1970, S. 14.

90) Eine Darstellung der Beteiligungsdiskussion in den USA mit einer Gegenüberstellung von Kosten- und Nutzenargumenten bringt ROBERT A. ALESHIRE, Planning and Citizen Participation. Costs, Benefits and Approaches, in: Urban Affairs Quarterly, Beverly Hills, Cal., Vol. 5, No. 4 (1970), S. 371 ff.

91) Vgl. BERNHARD SCHÄFERS, Planung und Öffentlichkeit. Drei soziologische Fallstudien: Kommunale Neugliederung, Flurbereinigung, Bauleitplanung, Düsseldorf 1970, S. 13.

92) FLICK, S. 15.

93) SCHÄFERS, Planung, S. 13.

warnsystem"[94], sie bringt zusätzliche Informationen, stellt Kooperationsbereitschaft her und vermindert Konflikte, kurz: Beteiligung der Öffentlichkeit kann im Sinne technisch ökonomischer Effizienzsteigerung wirken[95].

Mehr politisch orientiert sind die Argumente, die auf die mangelnde demokratische Legitimation der planenden Verwaltung verweisen[96], die auf die Problematik der Gruppeninteressen abheben[97] oder mit der Beteiligung der Öffentlichkeit eine Politisierung der Bevölkerung überhaupt anstreben[98].

Im folgenden sollen hauptsächlich die politischen Argumente, die alle in enger Beziehung zueinander stehen, näher beleuchtet werden.

---

94) CLAUS OFFE, Zum politischen Stellenwert von Bürgerinitiativen, in: Großstadtpolitik. Texte zur Analyse und Kritik lokaler Demokratie, hrsg. von Rolf-Richard Grauhan, Gütersloh 1972, S. 245.

95) Vgl. FLICK, S. 14; KLAUS KÖRBER und WALTER SIEBEL, Zur Demokratisierung der Stadtplanung, in: Planung und Öffentlichkeit, hrsg. von Detlef Affeld, 1970, S. 187 ff.; CLAUS OFFE, Demokratische Legitimation der Planung, in: derselbe, Strukturprobleme des kapitalistischen Staates. Aufsätze zur Politischen Soziologie, Frankfurt 1972, S. 127.

96) Vgl. Ausführungen auf S. 89 ff.

97) Die Vorstellung einer Gesamtplanung, die dem gesamten öffentlichen Interesse dient, ist unvereinbar mit den bestehenden weitgehend ökonomischen Gruppeninteressen, die um Macht und Einfluß ringen und neben denen nichtorganisierte Gruppen kaum eine Chance der Teilhabe besitzen. Vgl. hierzu BOLAN, S. 15; CLAUS OFFE, Sachzwang und Entscheidungsspielraum, S. 191; ROLF-RICHARD GRAUHAN, Der politische Willensbildungsprozeß in der Großstadt, in: Großstadtpolitik, hrsg von Rolf-Richard Grauhan, Gütersloh 1972, S. 159 f.; HESSE, Zielvorstellungen, S. 36.

98) Je nach politischer Grundeinstellung verspricht man sich von der Mobilisierung der Planungsbetroffenen entweder eine langfristig stabile Politisierung innerhalb des Systems oder eine Politisierung mit dem Ziel des Bewußtseinwandels im Rahmen einer sozialistischen Strategie. Vgl. KÖRBER-SIEBEL, S. 187 f.

Demokratie kann in der Grundidee formuliert werden als die Beteiligung möglichst vieler Mitglieder einer Gesellschaft an den Entscheidungen, die die Gesellschaft - und damit wieder ihre Mitglieder - betreffen. Dahinter steht die Vorstellung der Gleichheit aller Mitglieder der Gesellschaft und die individueller Selbst- und Mitbestimmung des Einzelnen.

Hierin gründet sich die Forderung nach einer Beteiligung der Betroffenen an den Entscheidungsprozessen der Stadtentwicklungsplanung und die Berücksichtigung des "emanzipatorischen Interesses" im Planungs-Begriff.

Die gewählten F o r m e n zur Verwirklichung der demokratischen Grundidee müssen sich an diesem Anspruch messen lassen. Werden Entscheidungen delegiert, so ist nach der Legitimation des Entscheidungsträgers und der Kontrolle der Macht zu fragen.

Nach dem Modell der Gewaltenteilung liegt die Legitimation für politische Entscheidungen bei den gewählten parlamentarischen Gremien. Die Verwaltung hat lediglich für die Ausführung der Beschlüsse zu sorgen. "Während das Parlament durch seine Gesetze die Legitimationsbasis für das Verwaltungshandeln und durch die Bewilligung des Budgets die materielle Basis garantierte, setzte die Verwaltung den gesetzgeberischen Willen in die Praxis um, führte die Gesetze aus"[99]. Seit der letzten Jahrhundertwende hat sich das Verhältnis der Verwaltung zum Parlament entscheidend gewandelt; es handelt sich nicht mehr um zwei voneinandergetrennte Sphären[100].

Mit dem Funktionswandel des Staates vom Ordnungsgaranten zum Interventionsstaat ging die Übernahme von politischen Aufgaben einher, die die klassische Vorstellung von der Gewaltenteilung zunehmend fiktiv werden ließ. Die Vorbereitung von Entscheidungen für die Parlamente bedeutet zumeist eine Vorauswahl von Handlungsalternativen und das selbständige und unkontrollierte Setzen von

---

99) Vgl. HARNISCHFEGER, S. 213.
100) Ebenda, S. 220.

Zielen durch die Verwaltung[101]. Da realistischerweise davon ausgegangen werden kann, daß auf den Ebenen der Parlamente, der Verwaltung, der organisierten und nichtorganisierten Gruppen der Bevölkerung unterschiedliche Zielvorstellungen vorliegen, stellt sich die Frage nach dem Zielfindungsprozeß und der Legitimation der Verwaltung, über Ziele zu entscheiden.

Der gegenwärtige Zielfindungsprozeß in der Verwaltung ist wohl kaum als ein bewußt vollzogener Suchprozeß anzusehen. In nicht offengelegten Verfahren orientieren sich die Fachressorts in der Regel an selbst gewählten, isolierten Zielen, die mit denen der anderen Ressorts nur selten abgestimmt sind und insgesamt gesehen widersprüchlich sein können. Die Zielsetzung erfolgt ohne politische Legitimation.

Da die Verwaltung auf Grund ihrer breiteren Sachkenntnis, ihrer Informations- und Wissensvorsprünge der entscheidende Informant der politischen Führung ist, besteht die Gefahr der unkontrollierten Selbstführung[102] und der Rückstufung der Parlamente zu Ratifizierungsorganen, die die Vorschläge der Verwaltung nur noch annehmen oder ablehnen können. Eine kontroverse Diskussion über Alternativen ist dann kaum noch möglich[103]. Somit ist neben dem Bedeutungsverlust der politischen Führung die Beeinträchtigung einer offenen, zukunftsorientierten, zielbewußten und innovativen Planung zu sehen[104].

Die parlamentarischen Gremien hätten zwar nach der Organisationsform unserer Demokratie die Legitimation zur Zielsetzung, könnten diese Aufgabe jedoch nicht in einer für die Stadtentwicklungsplanung befriedigenden Weise erfüllen.

---

101) Vgl. auch S. 78 f.
102) Vgl. HESSE, Stadtentwicklungsplanung, S. 41.
103) Vgl. GRAUHAN, Zur Struktur, S. 135 f.; HARNISCHFEGER, S. 221.
104) Vgl. HESSE, Stadtentwicklungsplanung, S. 43.

Global- oder leitbildähnliche Ziele sind für die Planung wertlos[105]; die Suche nach operationalen Zielen kann aber sinnvollerweise nur Aufgabe und Gegenstand eines Zielfindungsprozesses sein[106], wie er etwa in Kapitel 3.1. beschrieben wurde. Ein derartiger Prozeß wäre von einem Parlament jedoch mangels begrenzter Informationsaufnahme- und -verarbeitungskapazität, mangels Fachkenntnis der Parlamentarier und auch mangels Kenntnissen über die Bedürfnisse und Interessen der Planungsbetroffenen allein nicht zu leisten.

Da eine auf diese Weise der politischen Kontrolle partiell entzogene Planung Gefahr läuft, sich an partikularen Interessen auszurichten[107] und die Präferenzen der Bevölkerung zu ignorieren oder denen von Teilgruppen unterzuordnen, bleibt nur die Möglichkeit der Beteiligung der Planungsbetroffenen, wenn der demokratische Anspruch der Planung aufrecht erhalten werden soll. Einige Beispiele aus der gegenwärtigen Planungspraxis zeigen, daß dieser Weg bisher kaum beschritten wurde.

Sowohl bei der Möglichkeit der Einsichtnahme in die Haushaltswirtschaft der Gemeinden[108], wie auch bei der öffentlichen Auslegung von Bauleitplänen gemäß dem Bundesbaugesetz ist eher von der Herstellung einer Scheinöffentlichkeit zu sprechen, da bei der Bevölkerung die wissensmäßigen Voraussetzungen und ergänzenden Informationen fehlen, um Einwendungen machen zu können. Da zum anderen die Ziele der Planung zu diesem Zeitpunkt bereits fixiert sind[109], kann jedoch selbst bei guter Information nicht von echter Beteiligung gesprochen werden, da Einwendungen nur innerhalb des vorgegebenen Rahmens möglich sind. Aus diesem Grund sind auch die in §§ 4

---

105) Vgl. HESSE, Stadtentwicklungsplanung, S. 23 ff.; HANS LINDE, Über Zukunftsaspekte in der Raumplanung, insbesondere Leitbilder u.ä., in: Zukunftsplanung. Seminar für Planungswesen an der Technischen Universität Braunschweig, SS 1971, H. 8 (1971), S. 93 ff.
106) Vgl. u.a. JÜRGEN HABERMAS, Verwissenschaftlichte Politik und öffentliche Meinung, in: Technik und Wissenschaft als "Ideologie", Frankfurt 1970, S. 132; Vgl. GRAUHAN, Zur Struktur, S. 135.
107) Vgl. HESSE, Stadtentwicklungsplanung, S. 45.
108) Vgl. DEPIEREUX, S. 216.
109) Vgl. HESSE, Zielvorstellungen, S. 42.

Abs. 1,2 und 8 Abs. 2 des Städtebauförderungsgesetzes[110] zur Vorbereitung und Aufstellung des Sozialplanes vorgeschriebenen "Erörterungen" mit den Betroffenen nicht als echte Mitwirkung und Beteiligung an der Planung zu werten[111].

Bestimmte organisierte Gruppen, wie Verbände, große Investoren (Bauwirtschaft) oder Haus- und Grundbesitzer werden in der Planungspraxis früher und intensiver eingeschaltet als die übrige Bevölkerung[112].

Die Gefahr, daß einflußreiche und gewerbesteuerintensive Interessengruppen die Zielvorstellung städtischer Entwicklung und die Planungsinhalte bestimmen, zeigt sich deutlich. Es ist festzustellen, daß die Abstimmung der Interessen und die Prioritätensetzung dem Gemeindeparlament weitgehend entzogen ist, so daß die politische Willensbildung nur noch "zum Teil über den öffentlich diskutierten parlamentarischen Entscheidungsprozeß abläuft"[113].

Mit der Abnahme der Kontrollfähigkeit der Parlamente bleibt jedoch eine wichtige Bedingung des demokratischen Regierungssystems unerfüllt. Institutionen, die legitime Macht schaffen sollen, dürfen sie nicht schon besitzen[114]. Der Ausweg ist in einer Beteiligung der Öffentlichkeit zu sehen[115], wobei sich die Beteiligung sowohl auf die Problemartikulation, als auch die Zielfindung und die Diskussion bzw. Entscheidung über die Alternativen erstrecken kann. Gerade die Probleme auf Gemeindeebene, die durch ihre Nähe und unmittelbare Betroffenheit den Bürger stärker berühren als Probleme auf Bundesebene, könnten eine Motivation zur Beteiligung hervorrufen[116] und andererseits auf Grund der relativen Begrenztheit Formen der Beteiligung auch organisatorisch ermöglichen.

---

110) Vgl. Gesetz über städtebauliche Sanierungs- und Entwicklungsmaßnahmen in den Gemeinden (Städtebauförderungsgesetz), vom 27. Juli 1971, Textausgabe, München 1971, S. 11 f. und 15.
111) Vgl. ERIKA SPIEGEL, Sozialplanung und Mitwirkung der Betroffenen. Ein Stück Gesellschaftsreform?, in: Stadtbauwelt 37 (1973), S. 20.
112) Vgl. HARNISCHFEGER, S. 223. Vgl. KOMMUNALPOLITIK - FÜR WEN? Arbeitsprogramm der Jungsozialisten, hrsg. von Wolfgang Roth, Frankfurt 1971, S. 55 ff.
113) Vgl. HESSE, Zielvorstellungen, S. 41.
114) Vgl. LUHMANN, S. 285.
115) Vgl. MARTIN REIN, Social Planning. The Search for Legitimacy, in: Journal of the American Institute of Planners, Baltimore, Vol. 35 (1969), S. 240.
116) Selbstverständlich hängt eine Motivation auch noch von anderen Komponenten ab, deren Einfluß auch aktivitätshemmend wirken kann, wie z.B. das Gefühl der sozialen Ohnmacht gegenüber mächtigen Gruppeninteressen oder einer bürokratischen Verwaltung, "die ja doch macht, was sie will".

Die möglichen Arten der Beteiligung sollen hier nicht erörtert werden, da sie zu vielfältig sind, sich zum großen Teil noch im Experimentierstadium befinden und ihre Anwendung zudem vom konkreten Problem abhängt. Praktische Erfahrungen[117] sind bereits mit Bürgerforen, Hearings, Beiräten, Bürgerinitiativen, Gemeinwesenarbeit, Anwaltsplanung[118], Umfrageforschung und Medienplanung gesammelt worden.

Der undifferenzierte Gebrauch des Wortes 'Öffentlichkeit' verdeckt ein wesentliches Problem der Beteiligung, nämlich den Unterschied zwischen Planungsinteressenten und Planungsbetroffenen[119]. Unter Planungs i n t e r e s s e n t e n ist der Teil der Planungsb e t r o f f e n e n zu verstehen, der sich dadurch heraushebt, daß er seine Interessen erkannt und artikuliert hat, daß er durch Interessenvertretungen organisiert ist und auch eine gewisse Konfliktfähigkeit[120] besitzt. Da dieser Teil der Betroffenen (Unternehmen, Verbände, Innungen usw.) schon vorher durch die organisierte Wahrnehmung seiner Interessen am Planungsprozeß beteiligt war, ja, ihn eventuell sogar selbst angeregt - oder verzögert - hat, richtet sich die Forderung vornehmlich an eine Beteiligung des nicht-organisierten betroffenen[121] Bürgers.

Hierbei ist das wichtige Problem der Informationsvermittlung[122] anzusprechen. Beteiligung am Planungsprozeß wird erst dann sinnvoll, wenn die Beteiligten ein Problembewußtsein haben, die entscheidenden Abhängigkeiten erkennen und ihnen die Konsequenzen und Folgekosten der Alternativlösungen bekannt sind.

---

117) Vgl. HESSE, Stadtentwicklungsplanung, S. 44 ff.; OFFE, Demokratische Legitimation, S. 140 ff.
118) Vgl. PAUL DAVIDOFF: Advocacy and Pluralism in Planning, in: Journal of the American Institute of Planners, Baltimore, Vol. 31 (1965), S. 331-338. Kritisch dazu STEPHAN BRANDT, Zur Demokratisierung des Planungsprozesses, in: Planung und Öffentlichkeit, hrsg. von Detlef Affeld, 1970, S. 145 ff.; OFFE, Sachzwang und Entscheidungsspielraum, S. 191; W.D. SMITH, S. TUCKER und F. WILLIAMS, Partizipationsgespräch, in: Stadtbauwelt 27 (1970), S. 201 f.
119) Vgl. OFFE, Demokratische Legitimation, S. 134.
120) Ebenda, S. 136.
121) Die räumliche Betroffenheit ist hierbei ein zu enges Kriterium; es muß um die funktionale Betroffenheit erweitert werden. Zur Abgrenzung der Betroffenheit bei Sanierungsprojekten siehe SPIEGEL, S. 20.
122) Vgl. HESSE, Stadtentwicklungsplanung. S. 56 ff.; TESCHNER, S. 284; HABERMAS, Verwissenschaftlichte Politik, S. 139.

Daß die Einführung der Beteiligung der Planungsbetroffenen auf Widerstände stoßen wird, ist sehr wahrscheinlich, kann hier jedoch nicht weiter diskutiert werden[123].

Nach diesen Überlegungen zur Beziehung zwischen einer Beteiligung der Öffentlichkeit und Stadtentwicklungsplanung, läßt sich nun auch die Bedeutung einer Beteiligung der Planungsbetroffenen für die Anwendung der Kosten-Nutzen-Analyse aufzeigen. Mehrfach ist auf die Schwierigkeit der Problemdefinition, Kriterienfindung, sowie der Kosten- und Nutzenbewertung hingewiesen worden. Es wäre zu prüfen, inwieweit sich Wege finden lassen, durch eine Beteiligung der Öffentlichkeit diese Probleme vom Analytiker weg auf eine breitere Basis zu stellen. Daß die Verlagerung eines Teils der Wertungen in einer Kosten-Nutzen-Analyse durch Öffentlichkeitsbeteiligung vom Analytiker bzw. der Verwaltung zu den Planungsbetroffenen hin - wie auch eine Beteiligung an den Ziel- und Entscheidungsfindungsprozessen überhaupt - beträchtliche politische Implikationen birgt, ist nicht zu bestreiten. So ist auch auf die Gefahr hinzuweisen, daß diese Beteiligung - wie von einigen Autoren vertreten[124] - ein scheindemokratischer Akt ist, der die Machtverhältnisse und Interessenslagen nur verschleiert, jedoch nicht verändert.

---

123) Vgl. hierzu: BERNHARD SCHÄFERS, Restriktionen einer Demokratisierung von Planungsprozessen, in: Planung und Öffentlichkeit, hrsg. von Detlef Affeld, 1970, S. 60 ff.
124) "Der Prozeß des politisch relevanten Machtvollzuges und Machtausgleichs spielt sich direkt zwischen den privaten Verwaltungen, den Verbänden, den Parteien und der öffentlichen Verwaltung ab; das Publikum als solches wird in diesen Kreislauf der Macht sporadisch und auch dann nur zu Zwecken der Akklamation einbezogen". HABERMAS, Strukturwandel, S. 195. Ähnlich JÖRN JANSSEN, JOACHIM KRAUSSE und JOACHIM SCHLANDT, Stadtplaner und Reformgeister, Berlin 1970, S. 39, und RUDOLF SINZ, Der ökonomische Hintergrund der Forderung nach Demokratisierung der Planung, in: Planung und Öffentlichkeit, hrsg. von Detlef Affeld, 1970, S. 180-185.

3.3. BESONDERE PROBLEME DER ANWENDBARKEIT DER KOSTEN-NUTZEN-ANALYSE

3.3.1. PROBLEM DER ERFASSUNG UND BEWERTUNG VON KOSTEN UND NUTZEN

In diesem Kapitel soll die spezielle Problematik der Erfassung und Bewertung der Kosten und Nutzen von Stadtplanungsprojekten behandelt werden. Zur Veranschaulichung sei das in Kapitel 2.3.3. gebrachte Klassifizierungsschema der Effekte noch einmal dargestellt.

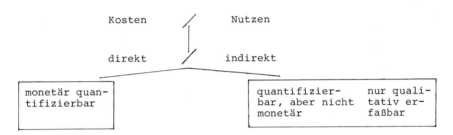

Ob die erfaßten Effekte eines Projektes Kosten oder Nutzen sind, hängt von dem verfolgten Ziel ab. So ist z. B. der Wandel eines Stadtkerngebietes vom Wohn- zum Geschäftsviertel als Folge einer Sanierung dann als N u t z e n anzusehen, wenn das Ziel der Erhöhung der Rentabilität von Häusern und Grundstücken verfolgt wird, jedoch als K o s t e n , wenn der Maßnahme das Ziel der Schaffung einer auch am Abend noch lebendigen und anziehenden Innenstadt zugrunde liegt. Im Bereich der Stadtplanung wird ein Projekt selten auf ein Ziel allein ausgerichtet sein. In der Regel wird ein hierarchisches Zielbündel vorliegen, dessen Teilziele ein unterschiedliches Gewicht haben. Dies bedingt, daß alle anfallenden Effekte in Hinblick auf das Zielbündel erst als Kosten oder Nutzen jeweils definiert werden müssen.

Ob direkte oder indirekte Kosten bzw. Nutzen vorliegen, kann nur projektorientiert entschieden werden[125]. So sind z. B. die Behandlungskosten bei Gesundheitsprojekten direkte, der Verdienstausfall

---

125) Vgl. unter 2.3.3., S. 30 f.

der Kranken indirekte Kosten[126].

Die Besonderheit der Erfassungsproblematik bei Stadtplanungsprojekten liegt in dem Verhältnis von monetär zu nicht-monetär bewertbaren Effekten (siehe Umrandungen im Schema). Zum einen kann die Zielsetzung der Projekte (sozial, politisch, kulturell etc.) schon so ausgerichtet sein, daß vorrangig nicht-monetär bewertbare Effekte auftreten (z. B. Umweltschutzmaßnahmen), zum andern läßt die Komplexität der Probleme[127] in der Stadtplanung vermuten, daß der Anteil der nur quantitativ, aber nicht monetär, und der nur qualitativ erfaßbaren Kosten und Nutzen in der Regel höher liegt, als bei relativ isolierten Projekten, wie z. B. in der Wasserwirtschaft. Daß diese verallgemeinerte Aussage im konkreten Anwendungsfall unter Umständen relativiert werden muß, soll unbestritten sein.

Wegen des grundsätzlich an der Effizienz und an monetär bewertbaren Größen ausgerichteten Konzeptes der KNA besteht die Gefahr, daß sehr viel intensiver nach den "bewertbaren" Kosten und Nutzen gesucht wird und die anderen vernachlässigt werden, bevor überhaupt eine, und sei es nur verbale, Gewichtung durch den Entscheidungsträger erfolgen kann. Deshalb sollen, in zugegebenermaßen unvollständiger Aufzählung, einige der nicht monetär bewertbaren Effekte genannt werden, die bei Stadtplanungsprojekten auftreten können. Die Schwierigkeit und teilweise Unmöglichkeit einer sauberen Trennung in quantitative und qualitative Effekte[128] wird durch eine lose Aneinanderreihung der Beispiele umgangen, die je nach Ziel oder Wertschätzung bzw. Interessenlage des Beurteilenden, Kosten oder Nutzen des Projektes sind.

---

126) Vgl. HALBACH, S. 156.
127) Vgl. unter 3.3.2.
128) So wird z. B. die Entfaltung der Persönlichkeit durch Freizeitaktivitäten mit einer Quantifizierung des Besuches z. B. von Sportstätten kaum angemessen erfaßt.

Auf dem Gebiet der Stadtsanierung, Stadterweiterung und der Wohnungsbauprogramme werden in der Literatur[129] häufig die vier Effekte: Minderung der Brandgefahr, Verbesserung der Gesundheitssituation und hygienischen Verhältnisse, Sinken der Kriminalität[130] und Verbesserung persönlicher und gesellschaftlicher Anpassungsschwierigkeiten (Isolierung, Diskriminierung) genannt.

Steffen[131] verweist u.a. auf mögliche Verbesserungen der städtischen Funktionen und des Stadtbildes, auf die Anziehungskraft einer Stadt und den Einfluß auf die Sozialstruktur. Bei letzterem ist insbesondere an soziale Bindungen, Nachbarschaftskontakte und -hilfe zu denken.

Im Bereich des Verkehrssektors ist auf die schwierige Erfaßbarkeit von Effekten, wie Straßenverstopfung, Unfallkosten (Verletzte, Tote), Einkaufs- und Freizeitfahrten in die Innenstadt[132], unterschiedlicher Komfort verschiedener Verkehrsträger[133] sowie Umweltbelastungen (Lärm, Abgase) hinzuweisen.

---

129) Vgl. LUDWIG, Möglichkeiten, S. 141 ff.; STEPHEN D. MESSNER, Urban Redevelopment in Indianapolis. A Benefit-Cost Analysis, in: Journal of Regional Science, Philadelphia, Vol. 8 (1968), S. 149-158.; JOHN C. WEICHER, The Effect of Urban Renewal on Municipal Service Expenditures, in: Journal of Political Economy, Chicago, Vol. 80 (1972), S. 100.; JEROME ROTHENBERG, Ökonomische Probleme der Stadtsanierung, in: Kosten-Nutzen-Analyse und Programmbudget, hrsg. von Horst C. Recktenwald, Tübingen 1970, S. 337 ff.; MAO, S. 96 ff.

130) Eine detaillierte Untersuchung über Kosten der Kriminalität, Kosten der Rehabilitation und Folgekosten für die Gesellschaft bei AXEL NEU, Ökonomische Probleme des Strafvollzuges in der Bundesrepublik Deutschland, Tübingen 1971.

131) Vgl. ANKE STEFFEN, Probleme der Anwendung von Kosten-Ertrags-Analysen auf Entscheidungen im Wohnungssektor. Evaluierung sozialer Wohnungsbauprogramme für Großstädte in Entwicklungsländern, Berlin 1969.

132) Vgl. HELMUT HESSE und VOLKER ARNOLD, Nutzen-Kosten-Analyse einer U-Straßenbahn, in: Kosten-Nutzen-Analyse und Programmbudget, hrsg. von Horst C. Recktenwald, Tübingen 1970, S. 362.

133) Vgl. WERNER Z. HIRSCH, The Economics of State and Local Government, New York 1970, S. 240.

Bewirkt eine Verkürzung des Weges oder der Fahrzeit zum Zentrum eine größere Besuchshäufigkeit, so können sich als intangible Effekte eine bessere Markttransparenz und freiere Dispositionsmöglichkeiten einstellen[134]. Wie bei Sanierungsvorhaben können auch Verkehrsprojekte positive oder negative Veränderungen des Stadtbildes zur Folge haben. Die Bevorzugung eines straßenorientierten - gegenüber einem schienenorientierten - Verkehrssystems birgt die Gefahr einer weiteren Zersiedelung des Stadtumlandes mit den negativen Folgen[135]:

- durch größere Entfernungen zwischen den Aktivitätsbereichen werden mehr und längere Fahrten mit Verkehrsmitteln (vor allem mit PKW) erforderlich;
- durch den größeren Verbrauch an Naherholungslandschaften müssen entferntere Erholungsgebiete aufgesucht werden, wodurch wiederum der Verkehrsaufwand (vor allem mit PKW) erhöht wird;
- durch den erhöhten Verkehrsaufwand mit PKW wird die Umweltqualität stärker beeinträchtigt; die Wahrscheinlichkeit des Auftretens von Verkehrsstauungen und Unfällen steigt ebenfalls.

Nicht-monetär bewertbare Effekte im Bereich von Investitionen auf dem Erholungs-, Freizeit- und Kultursektor sind die Regenerierung der Arbeitskraft; Gesundheitserhaltung bzw. -förderung, Entfaltung der Persönlichkeit, Selbstverwirklichung des Einzelnen, Befriedigung kultureller Bedürfnisse und Beiträge zum kulturellen Ansehen der Stadt.

Zum Teil ähnliche Effekte fallen im Bereich des Gesundheitswesens[136],

---

134) Vgl. CARSTEN COORDES und HELMUT FEUSSNER, Kosten-Nutzen-Analyse der Konzentration von Siedlungsmaßnahmen in Baunatal und Bad Hersfeld, Paper, o.O. o.J., S. 14.

135) Vgl. APEL - ARNOLD - PLATH, S. 22.

136) Eine Untergliederung des Gesundheitswesens in bezug auf Anwendungsmöglichkeiten der KNA bei JÜRGEN WOLFSLAST, Cost-Benefit Analyse im Gesundheitswesen, Hamburg 1968.

der Jugend- und Altenpflege an, wie beispielsweise die Fähigkeit, das Leben im allgemeinen zu genießen[137]. Bemerkenswert sind hierbei langfristige Änderungen in der Altersstruktur und im Verhältnis von Arbeits- und Gesamtbevölkerung[138]. Von Bedeutung ist sicherlich auch die Förderung der Sozialisationsfähigkeit und das Sinken der Jugendkriminalität durch die Schaffung von Kindergärten und Jugendzentren. Die Entlastung der Familien von der Versorgung pflegebedürftiger alter Menschen hebt Elsholz[139] heraus.

Ein sehr starker Anteil lediglich quantifizierbarer bzw. intangibler Effekte ist bei Ausbildungsinvestitionen gegeben. Blaug verweist hier auf die Konsumkomponente der Ausbildung, d. h. den Teil des Nutzens, der nicht über ein höheres Einkommen meßbar ist, und die nichtpekuniären Vorteile bestimmter Berufe[140] sowie die Möglichkeit, schlummernde Talente zu entdecken und Forschung und Technologie zu stimulieren[141].

Hirsch und Marcus[142] sowie Robinson[143] heben die spillover-Effekte hervor, die durch die bessere Ausbildung der Eltern bei Kindern entstehen.

---

137) Vgl. PETERS, S. 80.
138) Vgl. HALBACH, S. 156 f.
139) Vgl. ELSHOLZ, S. 145.
140) Vgl. MARK BLAUG, Die Ertragsrate von Ausbildungsinvestitionen, in: Nutzen-Kosten-Analyse und Programmbudget, hrsg. von Horst C. Recktenwald, Tübingen 1970, S. 294.
141) Ebenda, S. 300. Vgl. auch JACK WISEMAN, Cost-Benefit Analysis des Bildungswesens, in: Bildungsinvestitionen und Wirtschaftswachstum, hrsg. von Klaus Huefner, Stuttgart 1970, S. 337-356.
142) Vgl. WERNER Z. HIRSCH und MORTON J. MARCUS, Some Benefit Considerations of Universal Junior College Education, in: National Tax Journal, Cambridge, Vol. 19 (1966), S. 49.
143) Vgl. ALBERT J. ROBINSON, Government Subsidy to Higher Education. The Benefits, Costs and Non-Economic Value of the Policy, in: The American Journal of Economics and Sociology, Lancaster, Pa., Vol. 30 (1971), S. 274.

Weitere Gesichtspunkte sind der Zuwachs an Produktionskraft, den die
Gesellschaft in ihrer Gesamtheit durch das Anwachsen der fachlichen
und organisatorischen Fähigkeiten zu verzeichnen hat[144], die Anpas-
sungsfähigkeit an Strukturwandlungen von Wirtschaft und Gesellschaft,
eventuell geringere Nachfrage nach öffentlichen Diensten (z. B. Ar-
beitslosenunterstützung), Auswirkungen auf die Einstellung zum Staat
(z. B. politisches Bewußtsein, Demokratieverständnis), vielseitigere
Nutzung der zunehmenden Freizeit durch Erweiterung des Gesichtskrei-
ses, Steigerung des sozialen Ansehens, geringere Kriminalität und
sicherlich auch der Einfluß auf die gesamtwirtschaftliche Konsumkomponente.

Eine wesentliche Wirkung kann für alle Bereiche städteplanerischer
Maßnahmen zugleich angesprochen werden: der V e r t e i l u n g s -
effekt. Öffentliche Investitionen sind nicht per se verteilungsneutral.
Zum einen ergibt sich das räumliche Verteilungsproblem der möglichst
gleichmäßigen Ausstattung aller Stadtteile, zum anderen aber auch ein
Verteilungsproblem, das darin begründet ist, daß die Möglichkeit der
Nutzung der Investitionen an Voraussetzungen geknüpft ist. So stehen
die deutschen Schulen zwar allen Gastarbeiterkindern offen, eine entsprechende Nutzung setzt jedoch ein Mindestmaß an Sprachkenntnissen
und sozialer Integration voraus[145]; zwar wird bei einem straßenorientierten Verkehrssystem niemand von der Nutzung ausgeschlossen, doch
sind Kinder, Alte und Nicht-Autobesitzer relativ benachteiligt[146];
zwar ist es prinzipiell keinem früheren Bewohner eines Sanierungsge-
bietes verwehrt, danach wieder in das Gebiet zurückzuziehen, doch
wird es ihm wegen der stark gestiegenen Mieten wahrscheinlich faktisch
unmöglich gemacht, so daß er, dessen Wohnsituation durch die Sanierung
eigentlich verbessert werden sollte, gar keinen Nutzen daraus ziehen
kann und vielleicht unter ähnlichen Bedingungen wie früher in einem
anderen Stadtteil leben muß.

---

144) Vgl. PETERS, S. 83.
145) Zum Vergleich hierzu eine Untersuchung zum Rassenproblem in den USA:
W. NORTON GRUPP, The Distribution of Costs and Benefits in an Urban Public
School System, in: National Tax Journal, Cambridge, Vol. 24 (1971), S. 1-12.
146) Vgl. APEL - ARNOLD - PLATH, S. 23.

Ein dritter Gesichtspunkt der Verteilungsproblematik ist durch öffentliche Maßnahmen gegeben, die von vornherein nur die Nutzung durch einen kleinen Teil der Bevölkerung ermöglichen. Ein Beispiel sind die Infrastrukturvorleistungen für private Unternehmen bei Industrieansiedlungsprojekten. Da die Kosten-Nutzen-Analyse sich einseitig an der Erhöhung des Sozialproduktes orientiert, bleiben verteilungspolitische Zielvorstellungen in der Regel unberücksichtigt; entsprechende positive oder negative Effekte können nur verbal aufgeführt werden.

Nach der oft recht schwierigen Identifizierung der Kosten und Nutzen von Stadtplanungsprojekten gilt es, das vielleicht noch schwierigere Problem der Bewertung anzugehen. Hinsichtlich der allgemeinen Bewertungsproblematik sei auf die Darstellung in Kapitel 2.3.4. verwiesen. Bei Stadtplanungsprojekten, deren Effekte in starkem Maße lediglich quantitativ oder nur qualitativ erfaßbar sind, stellt sich für den Analytiker bald die Frage, ab wann ein Vergleich der monetär bewertbaren Kosten und Nutzen des Projektes angesichts der großen Bedeutung der intangiblen Effekte nicht mehr sinnvoll ist. Vor einer Verneinung dieser Frage steht daher oft der verständliche aber auch sehr bedenkliche Versuch, doch noch über Hilfsgrößen oder Hilfskonstruktionen einige dieser Wirkungen in monetäre Größen zu transformieren. So wird beispielsweise versucht, bei Verkehrsprojekten möglichst viele der anfallenden Kosten und Nutzen in Zeitverluste oder -gewinne umzurechnen. Daß hierbei der Arbeitslohn zur Monetarisierung herangezogen wird, ist theoretisch einleuchtend, wirft jedoch die schwer lösbare Frage auf, welcher Arbeitslohn zugrundegelegt werden soll.

Fällt der gleiche Nutzen an, wenn ein Verkehrsteilnehmer 30 Minuten spart oder 30 Verkehrsteilnehmer je 1 Minute, die sie vielleicht gar nicht einmal wahrnehmen, weil sie innerhalb der normalen täglichen Schwankung liegt? Wie sinnvoll ist es, die Freizeitersparnisse des Touristen oder der einkaufenden Hausfrau mit dem gleichen Lohnsatz zu multiplizieren, mit dem die Arbeitszeitersparnis des Berufstätigen monetarisiert wird[147]? Ähnlich liegt die Problematik bei gewonnener Arbeitszeit als Nutzen von Gesundheitsinvestitionen[148]. Krankheiten treten nicht nur bei Berufstätigen auf.

Wie wird jedoch der Wert von Hausfrauenarbeit bestimmt? Welcher 'Wert' ist einem Rentner oder einem Kind beizumessen?

Noch krasser zeigen sich die Probleme am Beispiel der Bewertung des Schadens bzw. Verlustes an menschlichem Leben. Unter Außerachtlassung ethischer Gesichtspunkte werden in der Literatur[149] Vorschläge gemacht, die von den Kosten der Lebensrettung über Kompensationszahlungen im Todesfall (Gerichtsurteile, Versicherungszahlungen) bis zur Errechnung des durchschnittlichen Beitrages eines Menschen zum Bruttosozialprodukt reichen. Diese Kalkulationen lassen z. B. den Schluß zu, daß Verkehrsunfälle mit Todesfolge volkswirtschaftlich "kostengünstiger" sind als die mit Verletzten, da die einmalige Versicherungszahlung im Todesfall vielleicht eine geringere Summe ist, als die lebenslange Zahlung einer Invalidenrente. Mit diesem makabren Beispiel wird die Fragwürdigkeit der Monetarisierungsversuche[150] besonders deutlich, und es ist Neumark[151] nur zuzustimmen, wenn er in diesem Zusammenhang von "einer mit größtem Scharfsinn, der freilich bisweilen von Unsinn nur durch Haaresbreite geschieden ist, vorgenommenen Verfeinerung der Verfahren als solcher" gesprochen hat.

---

147) Vgl. VOLKER ARNOLD, Städtische Verkehrsprojekte, in: Wirtschaftsdienst, Jg. 49 (1969), S. 55 f.
148) Vgl. PETERS, S. 80.
149) Vgl. LUDWIG, Möglichkeiten, S. 143.
150) Vgl. auch E. J. MISHAN, Evaluation of Life and Limb. A Theoretical Approach, in: Journal of Political Economy, Chicago, Vol. 79 (1971), S. 687-705.
151) FRITZ NEUMARK, Planung in der öffentlichen Finanzwissenschaft, in: Rationale Wirtschaftspolitik und Planung in der Wirtschaft heute, hrsg. von Erich Schneider, Berlin 1967, S. 189, zitiert nach WEISS, S. 45.

3.3.2. PROBLEM DER KOMPLEXEN KAUSALZUSAMMENHÄNGE

Eine weitere Besonderheit, die bei der Anwendung der Kosten-Nutzen-Analyse in der Stadtentwicklungsplanung bedacht werden muß, und die sie von der Anwendung in anderen Bereichen unterscheidet, ist die K o m p l e x i t ä t der zu lösenden Probleme. Die Sektoren, in denen geplant werden soll, sind einerseits selbst in bestimmter Weise strukturiert, andererseits sind sie miteinander verflochten, d. h. durch das Vorliegen funktionaler Abhängigkeiten charakterisiert.

Die Abhängigkeiten i n n e r h a l b eines Sektors können sowohl technisch bedingt sein, z. B. die Abstufungen technischer Versorgungssysteme wie Strom, Wasser, Gas, als auch politisch, durch gesetzliche Vorschriften oder Richtwerte, wie z. B. Umweltschutzbestimmungen oder die Stufen im Bildungswesen. Die Beziehungen zwischen den einzelnen Elementen innerhalb eines Sektors können neutral, konkurrierend oder komplementär sein[152]. Während das Konkurrenzverhältnis dazu führen kann, daß sich Projekte gegenseitig ausschließen, ist "im Falle der Komplementarität die Möglichkeit denkbar, daß die Partialbetrachtung zu negativen Kapitalwerten führt, während die Behandlung der Projekte als e i n e Investition einen sehr hohen Kapitalwert ergibt"[153]. Diese Tatsache zwingt gegebenenfalls dazu, nicht Einzelprojekte sondern ganze Programme zu untersuchen und alle denkbaren Projektkombinationen durchzuprüfen. Plath weist als Verkehrsplaner darauf hin, daß diese Aufgabe keineswegs trivial ist, "wenn man bedenkt, daß das Verkehrssystem eines Großraumes mehrere hundert oder gar tausend Möglichkeiten für Einzelprojekte bietet, aber bereits 20 Einzelprojekte über eine Million mögliche Kombinationen ergeben"[154].

---

152) Vgl. KUHN, S. 93 ff.
153) FRIEDHELM PLATH, Ökonomische Bewertung öffentlicher Investitionen. Grundlagen und ihre spezielle Anwendung auf Planungsvarianten zum Ausbau städtischer Verkehrssysteme, Berlin 1973, S. 103.
154) PLATH, S. 103 f.

Weiterhin weist er auf das Problem zeitlich-horizontaler und -vertikaler Interdependenzen zwischen Verkehrsprojekten hin, d. h. die Abhängigkeit der Vorteilhaftigkeit (positiver Kapitalwert) von Projekten von der Kalenderzeit bzw. vom Realisierungs- und Nutzungszeitraum vor- oder nachgelagerter bzw. gleichzeitig laufender Projekte[155].

Daß Interdependenzen z w i s c h e n den Sektoren der Stadtplanung bestehen, ist unbestreitbar; welche Verflechtungen und Abhängigkeiten im einzelnen vorliegen, ist jedoch fast unmöglich zu bestimmen. Das zu den Abhängigkeiten zwischen den Elementen innerhalb eines Sektors Gesagte gilt natürlich genauso für die zusätzliche Verflechtung mit Elementen anderer Sektoren. Hierdurch wird die Schwierigkeit der Abgrenzung des Untersuchungsgegenstandes noch erhöht und die Gültigkeit der Ergebnisse weiter relativiert.

Die bereits existierenden Stadtentwicklungsmodelle[156] sind auf Grund ihrer restriktiven Annahmen und der Beschränkung auf Teilbereiche kaum geeignet, dieses undurchsichtige Dickicht zu erhellen. Zu bedenken ist weiterhin, daß sich die Modelle auf Daten der Vergangenheit stützen und damit einen durchweg konservativen Grundzug aufweisen. Es ist eine grundsätzliche Frage, welchen Aussagewert sie für die Planung künftiger Entwicklungen haben können[157]. Da es

---

155) PLATH, S. 104 f.
156) Zur Darstellung und Kritik der wichtigsten Modelle (Lowry-Modelle, POLIS, Forrester, BESI, Spielsimulationsmodelle etc.) siehe ERNST REICHENBACH, Vergleich von Stadtentwicklungsmodellen, Braunschweig 1972.
157) "All these simulation models are essentially complex trend projections. They depend on being calibrated on past data. It is, therefore, impossible to test on them radical policies for changing the way in which society works", DOREEN B. MASSEY und MARTIN CORDEY-HAYES, The Use of Models in Structure Planning, in: The Town Planning Review, Liverpool, Vol. 42 (1971), S. 43.

sich bei diesen komplexen Kausalzusammenhängen zudem noch um dynamische Beziehungen handelt[158], fragt es sich, ob Versuche, die Vielzahl von variablen Größen modellhaft erfassen, nicht an Erkenntnisgrenzen stoßen, die als unüberwindbar angesehen werden müssen[159].

Die Komplexität der Interdependenzen zwischen den Sektoren zeigt sich einmal beim Erfassen der vielfältigen Auswirkungen öffentlicher Investitionen, aber auch daran, daß bestimmte Ziele nur durch mehrere Maßnahmen auf verschiedenen Sektoren angestrebt werden können. Ein einfaches Beispiel ist die Tatsache, daß Gebäudeinvestitionen in der Regel auch das Verkehrsaufkommen erhöhen oder daß der Nutzen, der auf Grund von Gesundheits-, Verkehrs- und Ausbildungsinvestitionen, technologischer Fortschritte oder irgendeiner Determinante der Wachstumsrate der Wirtschaft anfällt, sich nicht unterteilen und einzelnen Investitionen zurechnen läßt. So hängt beispielsweise auch die Gesundheit nicht allein vom Ausmaß der bereitgestellten medizinischen Leistungen ab[160], sondern auch von Wohn- und Arbeitsplatzverhältnissen, Freizeitgestaltungsmöglichkeiten und anderen Dingen. Hierbei zeigt sich, daß die Kausalzusammenhänge mitunter über den Kompetenzbereich der Stadtverwaltung hinausgehen und auch vor der Grenze zwischen öffentlichem und privatem Bereich nicht haltmachen.

---

158) Die Zeit ist eine entscheidende Komponente bei der Antizipation sozialökonomischer Entwicklung und behaftet Prognosen über mittel- und langfristige Zeiträume mit sehr vielen Unsicherheiten. Vgl. HESSE, Zielvorstellungen, S. 36. Ähnlich: GERHARD W. WITTKÄMPER, Analyse und Planung in Verwaltung und Wirtschaft. Grundlagen, Bonn-Bad-Godesberg 1972, S. 19.

159) Die Wirklichkeit kann immer nur in Ausschnitten erfaßt werden. Notwendigerweise abstrahiert jeder Erkenntnisvorgang, indem er aus der Fülle "des Wirklichen" einen besonderen Teil heraushebt und diesen Teil dann unter einem spezifischen Aspekt untersucht. Vgl. WOLF-DIETER NARR, Logik der Politikwissenschaft - eine propädeutische Skizze, in: Politikwissenschaft. Einführung in ihre Probleme, hrsg. von Gisela Kress und Dieter Senghaas, Frankfurt 1972, S. 13.

160) Vgl. auch PETERS, S. 79.

Welche Bedeutung hat nun die Komplexität der Kausalzusammenhänge in der Stadtplanung für die Anwendbarkeit der Kosten-Nutzen-Analyse? Zunächst hat die Verflechtung und funktionale Abhängigkeit der Elemente in der Stadtplanung die Folge, daß zur Problemlösung oder Zielerreichung oft ein Maßnahme b ü n d e l notwendig ist. Die Schwierigkeiten, mit der KNA die Effekte eines Maßnahme b ü n d e l s zu untersuchen, sind beträchtlich höher als die der Analyse für eine isolierte Einzelinvestition. Der naheliegende Gedanke der Aufteilung des Bündels auf isolierte Einzelinvestitionen mag zwar die Untersuchung vereinfachen, verringert aber auf Grund der Interdependenzen der Investitionen die Aussagekraft der Ergebnisse möglicherweise bis zur Unbrauchbarkeit. Die Nichtberücksichtigung der Verflechtungen durch Reduzierung des Gesamtproblems auf viele Einzelprobleme birgt die Gefahr "richtiger" Antworten auf "falsche" Fragen in sich. Da aber andererseits, wie im Kapitel 2.3.2. ausgeführt, eine Notwendigkeit zur Suboptimierung besteht, zeigt sich hier ein kaum zu lösender Widerspruch.

Die unvollständige Kenntnis des "Systems" Stadt, seiner fixen und variablen Größen, seiner Zusammenhänge und Abhängigkeiten führt notwendigerweise zu einer unvollständigen Erfassung aller Effekte. Selbst wenn man die theoretische Kenntnis aller Auswirkungen unterstellt, ist auf die Unmöglichkeit der vollständigen empirischen Datenerhebung hinzuweisen. Gerade die Vollständigkeit ist jedoch insofern wichtig, als nicht ohne weiteres unterstellt werden kann, daß Effekte am Ende einer langen Kette von Folgen geringere Ausmaße haben als die am Anfang.

Der praktische Ausweg, mangels Zeit, Geld, Personal oder anderer Beschränkungen die Kette der Kausalzusammenhänge irgendwo willkürlich abzuschneiden und den "Rest" der Effekte nur verbal aufzuzählen, ist bedenklich und führt zu dem in Kapitel 3.3.1. angesprochenen Problem des Verhältnisses von monetär zu nicht-monetär bewertbaren Kosten und Nutzen.

3.4. VARIATIONEN UND ALTERNATIVEN DER
       KOSTEN-NUTZEN-ANALYSE

3.4.1. KONZEPT VON LICHFIELD

Eine beträchtliche Erweiterung der traditionellen Kosten-Nutzen-Analyse versucht Lichfield[161] mit seinem 'balance sheet of development'. Zum einen geht er bei seinem Ansatz von einer mehrwertigen Zielfunktion aus und strebt damit eine vollständigere Erfassung und Aufbereitung aller durch ein Projekt bewirkten Effekte an, zum zweiten versucht er das bisher ausgeklammerte Verteilungsproblem in die Analyse aufzunehmen, indem er alle Vor- und Nachteile für die von einer Maßnahme betroffenen Gruppen gesondert aufführt.

Kern seines Konzeptes ist die Auflistung aller Effekte in einer bilanzartigen Tabelle. In seinen Stadtsanierungsbeispielen stellt er für jedes alternative Projekt die betroffenen Gruppen als Anbieter (Produzenten) und Nachfrager (Konsumenten) gegenüber und führt die zwischen ihnen bestehenden Beziehungen in monetären Größen, physischen Maßeinheiten oder lediglich verbal auf[162]. Die Tabelle selbst enthält nur Kennzeichen, die dann in einem ausführlichen Begleittext näher erläutert werden.

Vorrangiges Ziel ist dabei nicht die Quantifizierung oder gar monetäre Bewertung, sondern die möglichst v o l l s t ä n d i g e Erfassung aller Größen und ihre Zuordnung zur Gruppe der Produzenten oder Konsumenten. Damit soll Klarheit über die Nutznießer und

---

161) Vgl. LICHFIELD, Cost-Benefit-Analysis, S. 273-279.

162) Vgl. LUDWIG, Möglichkeiten, S. 201 ff.

Benachteiligten einer Sanierung erreicht[163] und die Grundlage für eine Ex-ante-Koordinierung und Kooperation der Betroffenen gelegt werden[164]. Lichfields Konzept ist daher auch weniger auf ein quantifizierbares Analyse-Ergebnis als auf eine Verbreiterung der Informationsbasis ausgerichtet[165]. Seine Kosten-Nutzen-Analyse führt nicht unmittelbar zu einem eindeutigen Ergebnis oder einer Rangfolge von Projekten, sondern zu einer umfangreichen Beschreibung der Maßnahmenkonsequenzen, die die Entscheidungsinstanz dann entsprechend werten muß.

Problematisch ist bei diesem Ansatz die direkte Vergleichbarkeit der alternativen Projekte. Die umfassende Aufzählung aller Effekte, verbunden mit der von Projekt zu Projekt sich ändernden Zahl und Zusammensetzung der Gruppen, sowie den sich damit ändernden Arten von Transaktionen, die zudem in unterschiedlichen Maßeinheiten gemessen werden, führt zu einer gewissen Unübersichtlichkeit, die eine Vergleichbarkeit der Projekte erschwert oder gar verhindert[166].

Abweichend von der traditionellen Kosten-Nutzen-Analyse werden bei diesem Ansatz die Kosten und Nutzen in ihrer Auswirkung auf die jeweilige Gruppe und nicht im Hinblick auf ein generelles Ziel definiert. Da jedoch Kosten und Nutzen nur instrumentalen Charakter haben und erst im Hinblick auf ein Ziel Bedeutung gewinnen können[167], ist in diesem Konzept weniger eine Kosten-Nutzen-Analyse im eigentlichen Sinn, als vielmehr eine Beschreibung und Messung heterogener Maßnahmekonsequenzen zu sehen[168].

---

163) Vgl. TREVOR NEWTON, Cost-Benefit Analysis in Administration, London 1972, S. 159.
164) Vgl. LUDWIG, Möglichkeiten, S. 204.
165) Vgl. LICHFIELD, S. 277.
166) Vgl. LUDWIG, Möglichkeiten, S. 205.
167) Vgl. STOLBER, S. 29.
168) Vgl. LUDWIG, Möglichkeiten, S. 205.

Den Nachteil der mangelnden Vergleichbarkeit der Projekte versuchen Lichfield und Chapman[169] in einem späteren Ansatz zu vermeiden[170], indem sie den einzelnen Gruppen spezifische Zielvorstellungen zuschreiben und versuchen, die Projekte entsprechend ihrem jeweiligen Zielerfüllungsgrad zu ordnen. Die Bewertung der Zielerfüllungsgrade erfolgt anhand einer ordinalen Skala. Dadurch werden ein Vergleich der Projekte und die Aufstellung einer Rangordnung ermöglicht. Daß die Zielfindung hierbei wiederum in der Hand des Analytikers liegt, wirft die schon früher angesprochenen Probleme der subjektiven Einflußnahme und Vorentscheidung auf.

3.4.2. KONZEPT VON BUCHANAN

Wie Lichfield versucht auch Buchanan[171], die einwertige Zielfunktion der traditionellen KNA zu überwinden und mehrere, insbesondere Nicht-Effizienzziele, zu berücksichtigen.
Die wesentlichste Änderung ist jedoch in dem Verzicht auf die monetäre Bewertung des anfallenden Nutzens zu sehen.

Am Beispiel der Bewertung konkurrierender Pläne zur Umgestaltung des innerstädtischen Straßenverkehrs in Newbury/England führt er auf der Nutzenseite nicht die sonst üblichen monetären Ersparnisse an Betriebskosten, Zeitgewinnen oder verhüteten Unfällen auf, sondern nicht-monetäre Indexwerte für Auswirkungen der Pläne auf die "Zugänglichkeit" und das "Environment", wobei unter letzterem das spezifische Milieu bzw. die Umgebung eines Stadtgebietes zu verstehen ist. Aus diesen beiden Globalzielen leitet er Unterziele ab, z. B. Sicherheit, Ungestörtheit, Zweckmäßigkeit und äußere Erscheinung für

---

169) NATHANIEL LICHFIELD und HONOR CHAPMAN, Cost-Benefit Analysis in Urban Expansion: A Case Study, Ipswich, in: Urban Studies, Glasgow, Vol. 7 (1970), S. 153 ff.
170) Vgl. LUDWIG, Möglichkeiten, S. 205 ff.
171) COLIN BUCHANAN, Verkehr in Städten, Essen 1964.

die Beurteilung eines 'Environment', bzw. Sicherheit, Verteilung, Zufahrtswege und Streckenverbindungen sowie Bequemlichkeit für die Beurteilung der 'Zugänglichkeit'. Für jedes dieser Unterziele stellt er dann mehrere Kriterien auf und ordnet jedem eine maximal erreichbare Punktzahl zu[172].

Die zur Wahl stehenden alternativen Verkehrspläne werden dann auf der Grundlage dieser beiden Zielkataloge gewertet. Durch multiplikative Verknüpfung der Wertangaben für Zugänglichkeit und Environment errechnet er nun einen Gesamtindex für die "environmentale Zugänglichkeit"[173].

In einer Tabelle führt er dann für jeden alternativen Plan und die Status-Quo-Möglichkeit den Gesamtnutzenindex auf, bringt in einer zweiten Spalte den 'Netto-Nutzen' jedes Planes, indem er den ohnehin anfallenden Nutzen der Status-Quo-Möglichkeit vom Nutzen jeder anderen Planalternative abzieht und stellt diesem "Nettonutzenwert" dann die Kosten jedes Planes in Geldeinheiten gegenüber. In einer letzten Spalte zeigt er das Verhältnis der jeweiligen Nutzen- und Kostengrößen an. Diese Nutzen/Kosten-Quotienten, die notwendigerweise ebenfalls Indexwerte und keine Geldgrößen sind, werden dann zur Aufstellung einer Rangordnung der Verkehrspläne herangezogen[174].

Positiv ist dieser Ansatz insofern zu werten, als hier versucht wird, mehr als nur ein Ziel und vor allem auch nicht-ökonomische Ziele in der Analyse zu berücksichtigen und damit realitätsbezogenere und aussagekräftigere Ergebnisse zu erhalten.

Kritisch zu beurteilen ist neben dem Problem der Zielkomplementarität bzw.-konkurrenz[175] die Frage der Verteilung der Punktzahlen bei der Nutzenbewertung. Sowohl die Zuordnung der maximal erreichbaren Punktzahl für jedes Unterziel, wie auch die Bestimmung der Punktzahl, die jede Alternative gemäß ihrem Zielerfüllungsgrad bekommt, liegt im Ermessen des Analytikers[176]. Somit bestimmen die

---

172) BUCHANAN, S. 217.
173) Ebenda, S. 218.
174) Ebenda, S. 219.
175) Vgl. hierzu die Ausführungen von LUDWIG, Möglichkeiten, S. 198 f.
176) Vgl. BUCHANAN, S. 217.

unkontrollierten subjektiven Werturteile des Analytikers in entscheidendem Maße die Rangordnung der Projekte. Soll der errechnete Indexwert als Entscheidungshilfe herangezogen werden, so ist die Offenlegung und Kontrolle dieser subjektiven Maßstäbe zu fordern.

Der Wert dieser Erweiterung der traditionellen KNA ist wohl eher in dem Informationsgewinn über die Auswirkungen der Projekte auf nichtökonomische Ziele, als in dem rechnerischen Ergebnis der Punktzahlen zu sehen.

3.4.3. KOSTEN-WIRKSAMKEITS-ANALYSE

Die Kosten-Wirksamkeits-Analyse (KWA) ist das Ergebnis der Entwicklung einer Technik zur Ausgabenplanung, die seit Beginn der fünfziger Jahre von Wissenschaftlern der amerikanischen RAND-Corporation speziell für den militärischen Sektor erarbeitet wurde[177]. Diese Technik, die in der amerikanischen Literatur auch unter so verschiedenen Bezeichnungen, wie systems analysis, operations analysis, operations research, systems engeneering oder cost-utility analysis bekannt ist[178], ist weniger eine ausgefeilte und festgelegte Rechentechnik, als vielmehr ein "style of attack upon problems"[179], also mehr eine grundsätzliche Denk- und Vorgehensweise. Der Kern dieses Ansatzes "lies in the attempt to describe any problem in relation to a total structure of objectives, costs and benefits"[180].

---

177) Vgl. QUADE, Kosten-Wirksamkeits-Analyse, S. 235.
178) Vgl. EDWARD S. QUADE, Introduction and Overview, in: Thomas A. Goldman, Cost-Effectiveness Analysis. New Approaches in Decision Making, New York, Washington und London 1968, S. 3.
179) MICHAEL B. TEITZ, Cost-Effectiveness: A Systems Approach to Analysis of Urban Services, in: Journal of the American Institute of Planners, Baltimore, Vol. 34 (1968), S. 304.
180) Ebenda.

Aus diesem breiten und relativ unpräzisen Anspruch ist es auch erklärbar, daß die KWA - in Gegensatz zur KNA - keine einheitlich festgelegte Methode ist und auch eine geringere theoretische Fundierung aufweist[181].

Die Hauptwesensmerkmale einer Kosten-Wirksamkeits-Analyse sind die Einbeziehung der Zielplanung in die Analyse und die Berücksichtigung des anfallenden Nutzens in grundsätzlich nicht-monetären Größen[182]. Im Gegensatz zur KNA, die die starre Effizienz-Zielfunktion notwendigerweise mitliefert und vorschreibt, hat eine KWA keine immanente Zielvorgabe, sondern ist offen für jedwedes Ziel bzw. Zielbündel, wobei der prinzipielle Vorteil in der Möglichkeit der Berücksichtigung von Nicht-Effizienzzielen zu sehen ist[183]. "The operational specification and definition of system and program objectives is a most essential task for the cost-effectiveness analyst"[184].

Wenngleich der Aufbau von KWA's uneinheitlich ist und verschiedene Gestaltungsmöglichkeiten offenläßt, lassen sich doch die wesentlichen Arbeitsphasen skizzieren[185].

Am Anfang steht die Problemdefinition mit der Festlegung der Entscheidungssituation (z. B. Planung eines innerstädtischen Verkehrssystems). Sodann sind die Ziele des oder der Entscheidungsträger zu identifizieren, zu konkretisieren, aufzuspalten und zu operationalisieren (z. B. Unterziele wie die Verbesserung der Zugänglichkeit zur Innenstadt, gemessen in durchschnittlichen Fahrzeitersparnissen). Die relative Bedeutung der Ziele kann durch Zielgewichte berücksichtigt werden. Da die Wirksamkeit einer Maßnahme im jeweiligen Zielerrei-

---

181) So besteht z. B. nicht der Anspruch einer wohlfahrts-theoretischen Begründung.
182) Vgl. UDO MEYKE, Hilfsmittel der Verkehrsinfrastruktur-Planung: Nutzen-Kosten- oder Kosten-Wirksamkeits-Analyse?, in: Internationales Verkehrswesen, Bd. 24 (1972), Nr. 4, S. 146.
183) Vgl. GOOD, S. 25.
184) Ebenda.
185) Vgl. MEYKE, S. 147; QUADE, Kosten-Wirksamkeits-Analyse, S. 237 ff.

chungsgrad gesehen wird[186], stellt sich das Problem der Messung[187]. Angesichts der Tatsache, daß offensichtliche Wirksamkeitsmaße bei der Erstellung öffentlicher Leistungen selten sind, schlägt Teitz die beiden Kunstgriffe "performance measures" (Leistungsmaße) und "standards" (Normen) vor[188]. Als Beispiel für Leistungsmaße ist die Zahl der Schüler zu nennen, die ein Lehrer maximal unterrichten oder die Zahl der Kranken, die ein Arzt behandeln kann[189]. Im zweiten Fall der Normen werden Beziehungen zwischen Eingangsgrößen festgesetzt, wie z. B. Zahl der Schüler pro Lehrer, Zahl der Krankenhausbetten pro 1.000 Einwohner usw.

Auf dem Verkehrssektor wäre die Beförderungsleistung eines Transportmittels ein Beispiel für den ersten Fall, ein festgesetzter Mindestwert für den Verkehrsfluß in einer Durchgangsstraße (z. B. Zahl der Autos pro Minute) ein Beispiel für den zweiten.

In der nächsten Phase werden Alternativen aufgestellt, d. h. Handlungsmöglichkeiten oder Mittel, mit deren Hilfe man Ziele erreichen zu können hofft (z. B. "System Schiene", "System Straße" oder Mischformen). Die zur Beurteilung von Kosten und Wirksamkeit notwendigen Daten werden gesammelt und in ein Kosten-Wirksamkeits-Modell eingegeben, das als vereinfachte Darstellung der wirklichen Welt die Grundzüge der Situation enthält, die für die anstehende Frage von Bedeutung sind. Der Schlüssel für ein erfolgreiches Analyseergebnis ist die W i e d e r h o l u n g und das systematische Infragestellen von Problemstellung, Annahmen, Zielen, Alternativen, Modellen usw. Erst die Rückkopplungseffekte und die mehrfache Wiederholung des iterativen Planungsprozesses führen zu befriedigenden Ergebnissen[190].

---

186) Vgl. QUADE, Kosten-Wirksamkeits-Analyse, S. 239.
187) "The choice of these measures is the most difficult, unique problem of cost-effectiveness-analysis", WILLIAM A. NISKANEN, Measures of Effectiveness, in: Thomas A. Goldman, Cost-Effectiveness-Analysis, New York, Washington und London 1968, S. 20.
188) Vgl. TEITZ, S. 309 f.
189) Vgl. GOOD, S. 27.
190) Vgl. QUADE, Introduction and Overview, S. 5.

Da die Wirksamkeit von Maßnahmen in so unterschiedlichen Dimensionen wie Stunden, Entfernungen, Geldeinheiten, Phon usw. vorliegt, ist es im Hinblick auf eine Vergleichbarkeit der Projekte und die Aufstellung einer Prioritätenskala erforderlich, alle Dimensionen auf einen Nenner zu bringen[191]. Hierzu bedient man sich - trotz eventueller Informationsverluste durch die Umwandlung quantitativer in qualitative Informationen - vielfach der Methode der Punktzuordnung[192].

Hendrikson und Reinecker[193] verweisen auf bereits bekannte Anwendungen bei sportlichen Leistungen, Arbeitsplatzbewertungen, Leistungswerten von Fahrzeugen, Lohnsystemen usw. Für den Erholungssektor hat Kiemstedt[194] den Versuch gemacht, einen praktikablen Bewertungsmaßstab (Punktsystem) für die Beurteilung räumlich unterschiedlicher Eignung zu erarbeiten.

Einen bemerkenswerten Ansatz, die Wirksamkeit von Projekten zu erfassen, bringt Hill[195] mit seiner Z i e l e r r e i c h u n g s - m a t r i x , die von Weiss[196] aufgegriffen und ausgebaut wurde. Herauszustreichen ist sein Bemühen, im Zielfindungsprozeß durch Beteiligung von Interessengruppen, wie z. B. Planungsinstitutionen,

---

191) Zur Problematik und Darstellung von Bewertungsmethoden vgl. CHRISTOF ZANGEMEISTER, Nutzwertanalyse in der Systemtechnik. Eine Methodik zur multidimensionalen Bewertung und Auswahl von Projektalternativen, München 1970, S. 142 ff.
192) Vgl. MEYKE, S. 148.
193) Vgl. KURT H. HENDRIKSON und MARTIN REINECKER, Praktische Entwicklungspolitik: Daten - Strategien - Projekte, Düsseldorf, 1971, S. 182.
194) Vgl. HANS KIEMSTEDT, Zur Bewertung der Landschaft für die Erholung, Stuttgart 1967.
195) Vgl. MORRIS HILL, A Goals-Achievement Matrix for Evaluating Alternative Plans, in: Journal of the American Institute of Planners, Baltimore, Vol. 34 (1968), S. 19-29.
196) Vgl. WEISS, Kap. 3, S. 41-77.

Verwaltung, Wirtschaftsgruppen, Bevölkerung usw., den subjektiven Einfluß des Analytikers abzuschwächen[197] und durch eine Gewichtung der Ziele auch eine Strukturierung des Zielbündels zu erreichen. Positiv ist sicherlich auch die explizite Berücksichtigung des Verteilungsaspektes zu werten, die er dadurch erreicht, daß in der Matrix die Verteilungswirkungen einer Maßnahme für jede betroffene Gruppe aufgeführt und in einer besonderen Spalte gewichtet werden. Das Schlüsselproblem ist die Verteilung der ziel- und verteilungsrelevanten Gewichte der Matrix[198].

Des weiteren stellt sich das Problem der Vergleichbarkeit und Rangfolgeaufstellung der Projekte, da die Bestimmung der jeweiligen Zielerfüllungsgrade teils monetär, teils auf der Basis unterschiedlicher physischer Maßeinheiten, teils ordinal und teils durch verbale Beschreibung erfolgt[199]. Sein Vorschlag der Punktbewertung mit Hilfe eines dimensionslosen Ordnungsindex führt zu einem großen Informationsverlust seiner multidimensionalen Zielerreichungsmatrix und läßt die Schlußfolgerung zu, daß sein Ansatz zwar wesentlich zur Aufdeckung der vielfältigen und komplexen Zielbeziehungen beiträgt, die gewonnenen Informationen zur Bewertung eines Projektes bzw. zum Vergleich alternativer Projekte bis jetzt jedoch nur wenig Anhaltspunkte liefern[200].

Zu den Problemen der KWA[201] gehören die Zielfindung, -formulierung und -gewichtung, die Konsistenz des Zielsystems, die Wahl geeigneter Maßstäbe für die Zielerfüllungsgrade und die Transformation der Ergebnisse in ein Punktsystem, das eine Gesamtaussage über das Projekt und einen Vergleich mit anderen Projekten erlaubt.

---

197) Vgl. HILL, S. 27.
198) Ebenda.
199) Vgl. LUDWIG, Möglichkeiten, S. 211.
200) Ebenda.
201) Vgl. auch MEYKE, S. 150.

Die Methode der Kosten-Wirksamkeits-Analyse ist durchaus noch entwicklungsfähig und präzisierbar. Dies gilt besonders für die Anwendbarkeit auf nicht-militärische Bereiche, auf denen bisher wenig praktische Erfahrungen vorliegen.

Festzuhalten bleibt, daß sich die Kosten-Wirksamkeits-Analyse von der einseitigen, unvollständigen und wenig differenzierenden Effizienzzielsetzung der Kosten-Nutzen-Analyse löst und die Möglichkeit bietet, mehrere und vor allem Nicht-Effizienzziele zu berücksichtigen sowie das versteckte Werturteil gleichgewichtiger Unterziele in Kosten-Nutzen-Analysen durch die offene Berücksichtigung von Zielgewichten zu vermeiden. Des weiteren werden auf der Seite der Projektwirkungen die zum Teil fragwürdigen Monetarisierungsversuche der Nutzengrößen einer KNA unterlassen und durch Wirksamkeitsmaßstäbe ersetzt, die die jeweiligen Zielerfüllungsgrade angeben.

Aus diesen Gründen scheint die Kosten-Wirksamkeits-Analyse sehr viel geeigneter zu sein, in den Ziel- und Entscheidungsfindungsprozeß der Stadtentwicklungsplanung eingebaut zu werden. Insbesondere bietet sie den Vorteil, bereits von Anfang an mit dem iterativen Prozeß verknüpft zu werden.

Eine praktische Anwendung wurde bisher im wesentlichen auf militärischen Bereichen versucht; Erfahrungen auf dem Gebiet der Stadtentwicklungsplanung liegen noch nicht vor.

Die Tatsache, daß die Methode der Kosten-Wirksamkeits-Analyse flexibel, entwicklungsfähig und noch präzisierbar ist, läßt jedoch die Hoffnung aufkommen, daß hiermit eine Methode vorliegt, die als echte Entscheidungshilfe in der Stadtentwicklungsplanung angesehen werden kann.

4. GRENZEN DER ANWENDBARKEIT DER KOSTEN-NUTZEN-ANALYSE IN DER STADTENTWICKLUNGSPLANUNG

Um die Grenzen der Anwendbarkeit der KNA in der Stadtentwicklungsplanung aufzuzeigen, sollen noch einmal kurz die Ergebnisse der Ausführungen dieser Arbeit zusammengefaßt werden.

Als grundsätzliche Probleme und Mängel der Methode der KNA selbst sind folgende Kritikpunkte aufgezeigt worden:
Die KNA fußt auf dem Konkurrenzmodell und stellt eine Art Marktsimulation dar. Es ist indessen nicht einzusehen, warum der Markt, in Anbetracht seiner Unvollkommenheiten, als Norm für Entscheidungen über Staatsausgaben gelten sollte.

Der KNA liegt eine einzige, starre Zielfunktion zugrunde: die Beurteilung öffentlicher Maßnahmen erfolgt nach ihrer ökonomischen Effizienz. Hiermit können wesentliche nicht-ökonomische Ziele in der Analyse nicht berücksichtigt werden. Die Ergebnisse sind einseitig ausgerichtet; durch die Methode selbst werden bestimmte Projektarten von vornherein begünstigt. Zudem sind große Bedenken gegen das Auswahlkriterium "Sozialprodukt" anzumelden.

Dieser Mangel wird besonders deutlich bei den verteilungspolitischen Wirkungen öffentlicher Maßnahmen, die die reale Einkommensverteilung beträchtlich verändern können. Sie bleiben bei dieser Analyse unberücksichtigt.

Schließlich wären noch eine ganze Reihe nicht minder gewichtiger, einzelner Kritikpunkte an der Methode aufzuführen, die bereits in Kapitel 2 erörtert wurden. Erinnert werden soll an die Unmöglichkeit, die theoretisch notwendigen Opportunitätskosten zu erfassen, an den bedenklichen Rückgriff auf Markt- bzw. Schattenpreise, an die Schwierigkeiten, die Zahlungsbereitschaft für den Nutzen festzustellen, an die umstrittene Wahl eines "richtigen" Diskontsatzes und eines geeigneten Investitionskriteriums, an die praktischen Schwierigkeiten, das gewünschte Datenmaterial zu erheben und an die große Unsicherheit der Daten, insbesondere wenn auf Schätzungen zurückgegriffen wurde.

Weiterhin ist eine KNA ohne normative - und d. h. in diesem Falle politische - Entscheidungen nicht durchführbar. Der Analytiker ist zu diesen Entscheidungen in der Regel nicht legitimiert, zudem kommen die subjektiven Werturteile in den Ergebnissen nicht offen zum Ausdruck.

Bezüglich der Anwendbarkeit der KNA in der Stadtentwicklungsplanung sind Überlegungen angestellt worden, die zu folgenden Ergebnissen geführt haben:

Der durch den Funktionswandel des Staates vom Garanten einer privat -rechtlichen Ordnung zum Interventionsstaat bedingte notwendige Übergang von der Auffang- zur Entwicklungsplanung verlangt neue Entscheidungsprozesse. Es wurde zu zeigen versucht, daß - im Unterschied zum dezisionistischen Entscheidungsbegriff - "Entscheiden" als simultaner oder sequentieller Informationsverarbeitungsprozeß aufzufassen ist, der in einem iterativen Kreislauf auch das Problem, die Annahmen, die Ziele und Alternativen ständig in Frage stellt und mit zum Gegenstand der Untersuchung macht. Derartige Planungsprozesse sind zwar in der Literatur erarbeitet und diskutiert, haben jedoch noch kaum Eingang in die Praxis gefunden.

Dieser Wandel stellt auch bestimmte Anforderungen an die Stadtverwaltung. Da die KNA ein Instrument der planenden Verwaltung ist, ist sie in ihren Anwendungsmöglichkeiten durch deren Struktur begrenzt. Es ist gezeigt worden, daß die bestehende hierarchische Struktur der Verwaltung mit ihren Folgeerscheinungen die Voraussetzungen für eine gute Informationsbeschaffung, -weiterleitung und -verarbeitung kaum erfüllt. Bedenken sind auch gegen die praktizierten Budgetierungsverfahren des Staates anzumelden, die sich an Kostengrößen orientieren, ohne eine Vorstellung von dem Nutzen zu haben, der bei der Durchführung bestimmter Maßnahmen zu erwarten ist. Diese Verfahren können jedoch durch finanzielle Beschränkungen den Alternativen-Spielraum beträchtlich einengen.

Besondere Probleme der Anwendbarkeit der Kosten-Nutzen-Analyse in der Stadtplanung ergeben sich aus der Tatsache, daß Stadtplanungsprojekte einen sehr hohen Anteil nicht-monetär bewertbarer Kosten aufweisen, die in einer KNA bestenfalls verbal aufgeführt werden können, in das eigentliche Analyseergebnis (Kapitalwert) jedoch nicht eingehen. Dies begrenzt die Aussagefähigkeit einer Kosten-Nutzen-Analyse erheblich.

Eine zweite Besonderheit ist in dem Vorliegen komplexer Kausalzusammenhänge im System "Stadt" zu sehen. Die Unmöglichkeit, alle durch ein Projekt hervorgerufenen Effekte mit ihren gegenseitigen Abhängigkeiten zu erkennen und in die Analyse einzubeziehen, steht im Widerspruch zum theoretischen Anspruch der Kosten-Nutzen-Analyse, a l l e Vor- und Nachteile (Kosten und Nutzen) einer Maßnahme zu erfassen und wertend gegenüberzustellen, um ihre Vorteilhaftigkeit zu ermitteln.

Es soll nun versucht werden, die Grenzen der Anwendbarkeit der Kosten-Nutzen-Analyse in der Stadtentwicklungsplanung aufzuzeigen. Wenn man zunächst von dem speziellen Anwendungsbereich der Stadtplanung einmal absieht und sich erst der Methode als solcher zuwendet, so ist festzustellen, daß die oben aufgezeigten grundsätzlichen Kritikpunkte die Sinnhaftigkeit einer Anwendung sehr in Frage stellen. Allein die methodischen Schwächen und Mängel, die zu "theoretisch manchmal kaum akzeptablen Konzessionen an die Praxis"[1] führen, reduzieren die Möglichkeit, dem gesetzten Anspruch nahezukommen so stark, daß die Frage gestellt werden muß, ob mit diesem Instrument wirklich noch eine Entscheidungs h i l f e gegeben ist.

Wendet man sich dem Anwendungsbereich der Stadtentwicklungsplanung zu, so ist folgendes festzustellen: Es ist absolut unrealistisch, von einer eindimensionalen und noch dazu ausschließlich an der ökonomischen Effizienz ausgerichteten Zielfunktion auszugehen, wenngleich die Bedeutung dieses Zieles nicht zu leugnen ist. Der Wert einer Methode als Entscheidungshilfe in der Stadtentwicklungsplanung, die die Mehrdimensionalität der Zielfunktion und nicht-ökonomische Ziele in ihrem Kalkül nicht berücksichtigen kann, ist sehr zweifelhaft.

---

1) BILLERBECK, S. 61.

Bei der Darstellung der theoretischen Grundlagen im Kapitel 2.3.1. wurde ausgeführt, daß die Kosten-Nutzen-Analyse nur auf einer sehr niedrigen Allokationsebene - nämlich bei Entscheidungen innerhalb eines Sektors über alternative Projekte, die denselben Zweck erfüllen sollen - sinnvoll angewandt werden kann. Im Kapitel 3.3.2. wurde herausgearbeitet, daß die komplexen Kausalzusammenhänge im System "Stadt" isolierte Einzeluntersuchungen unsinnig werden lassen und daher die Forderung nach Analysen von ganzen Programmen zu erheben ist. Je höher jedoch die angestrebte Allokationsebene (bzw. Suboptimierungsebene) ist, bzw. je mehr Alternativen, die auch andere Sektoren betreffen, ausgewählt werden, desto umfangreicher und schwieriger, desto unsicherer, unvergleichbarer und wertgeladener wird der KNA-Ansatz. Je tiefer die Allokationsebene ist bzw. je isolierter die Projekte gewählt werden, desto größer ist die Gefahr der Verschwendung von Ressourcen, desto bedenklicher sind die Ergebnisse einer KNA, weil wesentliche Abhängigkeiten und Verflechtungen bei der Erfassung der Effekte nicht berücksichtigt werden.

Bedenkt man weiterhin, daß wesentliche Effekte von Stadtplanungsprojekten mangels monetärer Bewertbarkeit keinen Eingang in die Analyse finden, daß zudem der gebräuchliche Entscheidungsfindungsprozeß in der Verwaltung nicht den Anforderungen einer Stadtentwicklungsplanung entspricht, daß die heutige Struktur der Verwaltung die Durchführung von Kosten-Nutzen-Analysen erschwert und beeinträchtigt und daß letztlich auch die gegenwärtigen Budgetierungsverfahren des Staates durch mitunter willkürliche finanzielle Restriktionen den Spielraum einer Analyse stark beschränken können, so ist der Punkt erreicht, wo die Grenzen der Anwendbarkeit der Kosten-Nutzen-Analyse in der Stadtplanung so eng gezogen sind, daß eine praktische Anwendung nicht mehr sinnvoll erscheint. Der theoretische Anspruch der KNA, im wertenden Vergleich alle Kosten und Nutzen einer Investition gegenüberzustellen und ihre Vorteilhaftigkeit zu berechnen, um damit eine "objektive" und "rationale" Entscheidungshilfe für staatliche Maßnahmen zu sein, muß auf dem Anwendungsbereich der Stadtentwicklungsplanung als nicht einlösbar angesehen und damit abgelehnt werden.

Die Fragen, die sich hieraus ergeben, lauten: Kann dieselbe Methode der KNA einem reduzierten oder geänderten Anspruch Rechnung tragen und dadurch wieder einen Wert erlangen, bzw. kann eine modifizierte KNA oder eine verwandte Methode vielleicht dem ursprünglichen Anspruch eher näher kommen als die traditionelle Kosten-Nutzen-Analyse?

Die erste Frage ist relativ kurz zu beantworten: Reduziert man den Anspruch darauf, eine Methode zu haben, die zur systematischen Durchforstung ökonomischer Zusammenhänge in Verbindung mit öffentlichen Investitionen zwingt, so gewinnt die traditionelle KNA ganz gewiß an Wert. Es handelt sich dann jedoch im wesentlichen um das Aufzeigen von Beziehungen und Wirkungen staatlicher Maßnahmen sowie die gegenseitige Zuordnung von Problemelementen, ohne daß damit die Bestimmung der Vorteilhaftigkeit von Projekten durch Errechnung von Kapitalwerten verbunden wäre. Die Informationsgrundlagen für Entscheidungen würden verbreitert werden, eine Entscheidungs h i l f e würde damit jedoch nicht gegeben sein.

Bei der Beantwortung der zweiten Frage ist auf die Ausführungen im Kapitel 3.4. Bezug zu nehmen. Es wurde das Konzept von Lichfield kurz erläutert, der die starre Zielfunktion überwand, indem er durch die Auflistung der gesamten Vor- und Nachteile für die beteiligten Gruppen den Verteilungsgesichtspunkt explizit berücksichtigte. Die zweite wesentliche Verbesserung ist in dem Bemühen zu sehen, auch und besonders die nicht-monetären Effekte in seiner Bilanz auszuweisen. Das Konzept von Buchanan geht insofern einen Schritt weiter, als er zwar auch durch die Aufnahme der Ziele "Erreichbarkeit" und "Environment" die einwertige Zielfunktion der traditionellen KNA überwindet, zusätzlich jedoch durch den grundsätzlichen Verzicht auf die monetäre Bewertung des Nutzens, die Marktsimulation und damit die zum Teil kaum mehr vertretbaren Versuche der Monetarisierung des Nutzens aufgibt.

Die bestmögliche Annäherung, dem theoretischen Anspruch der traditionellen KNA zu genügen, scheint mit der Kosten-Wirksamkeits-Analyse gegeben zu sein, da sie die - wenn auch nicht monetär -

wertende Gegenüberstellung von Alternativen erlaubt, ohne jedoch mit den typischen Mängeln und Schwächen der KNA behaftet zu sein.

Obwohl die Methode der KWA nicht eindeutig festgelegt ist, damit aber einen Anpassungsspielraum für die Besonderheiten jedes Untersuchungsgegenstandes hat, lassen sich ihre Vorzüge in der Abgrenzung zur traditionellen KNA kurz skizzieren.

Durch den Verzicht auf die monetäre Bewertung des Nutzens wird vermieden, den "Markt" als Grundlage für die Ermittlung der Vorteilhaftigkeit von Investitionen und damit für Entscheidungen über Staatsausgaben heranzuziehen. Des weiteren besteht die Möglichkeit der Berücksichtigung einer multidimensionalen Zielfunktion, in der auch nicht-ökonomische Ziele enthalten sein können. Somit werden bestimmte Projektarten nicht schon von vornherein begünstigt. Insbesondere verdient die Möglichkeit Beachtung, die Verteilungswirkungen von öffentlichen Investitionen zu berücksichtigen. Ein wesentlicher Vorteil der Berücksichtigung mehrerer Ziele besteht darin, bei genügender Operationalität den Nutzen von Maßnahmen durch die jeweiligen Zielerreichungsgrade zu bestimmen. Weiterhin ist festzustellen, daß einige methodische Probleme der traditionellen KNA entfallen und daß die subjektiven Werturteile des Analytikers in weit stärkerem Maße offengelegt werden.

Hinsichtlich der Anwendbarkeit in der Stadtentwicklungsplanung ist festzuhalten, daß die Möglichkeit, die KWA als iterativen Entscheidungsprozeß zu gestalten, indem das Problem, die Annahmen, Ziele und Alternativen ebenfalls in die Analyse mit einbezogen werden, genau den Ansprüchen gerecht wird, die die Stadtentwicklungsplanung als Zielplanung an einen Entscheidungsprozeß stellt (vgl. Kapitel 3.1.).

Die aufgezeigten Schwierigkeiten, die sich aus der Struktur der Verwaltung und den Budgetierungsverfahren ergeben, gelten jedoch gleichermaßen für die Anwendung der Kosten-Wirksamkeits-Analyse. Auch die besonderen Probleme, die sich aus der Erfassung von Kosten und

Nutzen von Stadtplanungsprojekten sowie den komplexen Kausalzusammenhängen ergeben, stellen Schwierigkeiten für die Anwendbarkeit der KWA dar. Die Forderung einer Beteiligung der Öffentlichkeit, die im Kapitel 3.2.3. erörtert wurde, ist bei einer KWA insofern sinnvoller, als z. B. das Ergebnis einer Zieldiskussion auch wirklich in der Analyse berücksichtigt werden kann, während an der starren Zielfunktion einer KNA nichts geändert werden könnte.

Mit diesen Ausführungen zur Kosten-Wirksamkeits-Analyse soll nun keineswegs eine neue Methode zum "Wunderinstrument" erklärt werden. Es darf nicht übersehen werden, daß mit der KWA zwar wesentliche Mängel der KNA überwunden sind, daß gleichzeitig jedoch - wie im Kapitel 3.4.3. angedeutet - neue, noch ungelöste Probleme auftreten. Es ist lediglich beabsichtigt, hiermit einen Weg aufzuzeigen, der bei der Entwicklung von Bewertungsmethoden für alternative öffentliche Investitionen beschritten werden könnte und der bessere Ergebnisse erwarten läßt als Anstrengungen, die auf eine weitere Verfeinerung der Methode der Kosten-Nutzen-Analyse zielen. Vorsicht gegenüber zu hohen Erwartungen ist jedoch nicht zuletzt deshalb angebracht, weil es - im Gegensatz zu Kosten-Nutzen-Analysen - bis jetzt nur wenig praktische Erfahrungen mit Kosten-Wirksamkeits-Analysen gibt und diese sich zudem hauptsächlich auf Untersuchungen im Militärbereich gründen.

Abschließend ist noch einmal darauf hinzuweisen, daß mit derartigen Analyse-Methoden vor allem Zusammenhänge aufgezeigt werden und durch Bereitstellung von mehr Informationen die Beurteilungsbasis für öffentliche Investitionen verbreitert wird. Insofern können die Ergebnisse bestenfalls Entscheidungs h i l f e n sein, niemals jedoch als "objektive" Entscheidung selbst gelten. Der Glaube an die Scheinrationalität der Ergebnisse führt zu einer Reduzierung der politischen Flexibilität. Ökonomische Analysen können und dürfen kein Ersatz für politisches Handeln sein.

LITERATUR

ALBACH, HORST, Wirtschaftlichkeitsrechnung bei unsicheren Erwartungen, Köln und Opladen 1959.

ALBERT, HANS, Modell-Platonismus. Der neo-klassische Stil des ökonomischen Denkens in kritischer Beleuchtung, in: Logik der Sozialwissenschaften, hrsg. von Ernst Topitsch, Köln und Berlin 1970, S. 406-434.

ALBERT, HANS, Theorie und Prognose in den Sozialwissenschaften, in: Logik der Sozialwissenschaften, hrsg. von Ernst Topitsch, Köln und Berlin 1970, S. 126-143.

ALESHIRE, ROBERT A., Planning and Citizen Participation. Costs, Benefits and Approaches, in: Urban Affairs Quarterly, Beverly Hills, Vol. 5, No. 4 (1970), S. 369-393.

ALONSO, WILLIAM, Predicting Best with Imperfect Data, in: Journal of the American Institute of Planners, Baltimore, Vol. 34 (1968), S. 248-255. Deutsche Übersetzung: Bestmögliche Voraussagen mit unzulänglichen Daten, in: Stadtbauwelt 21 (1969), S. 30-34.

APEL, DIETER; ARNOLD, V.; PLATH, F., Volkswirtschaftliche Investitionsrechnungen für öffentliche Projekte. Dargestellt am Vergleich alternativer städtischer Verkehrssysteme der Landeshauptstadt Hannover, Bielefeld 1972.

ARNOLD, VOLKER, Städtische Verkehrsprojekte, in: Wirtschaftsdienst, Jg. 49 (1969), S. 53-56.

ARROW, KENNETH J., Social Choice and Individual Values, New York und London 1951.

BATOR, FRANCIS M., Government and the Sovereign Consumer, in: Private Wants and Public Needs. Issues Surrounding the Size and Scope of Government Expenditure, hrsg. von Edmund Phelps, New York 1965.

BAUMOL, WILLIAM J., On the Appropriate Discount Rate for Evaluation of Public Projects, in: Program Budgeting and Benefit-Cost Analysis. Cases Text and Readings, hrsg. von H. H. Hinrichs und G. M. Taylor, Pacific Palisades, Cal. 1969, S. 202-212.

BAUMOL, WILLIAM, Welfare Economics and the Theory of the State, 2. Aufl. London 1965.

BAXTER, NERIUS D. u.a., Unemployment and Cost-Benefit Analysis, in: Public Finance, Den Haag, Vol. 24 (1969), S. 80-88.

BEN-SHAHAR, H.; MAZOR, A. und PINES, D., Optimierung und Stadtplanung. Grundlagen und Anwendung, in: Stadtbauwelt 24 (1969), S. 278-281.

BEYME, KLAUS v., Interessensgruppen in der Demokratie, München 1969.

BILLERBECK, KLAUS, Kosten-Ertragsanalyse. Ein Instrument zur Rationalisierung der administrierten Allokation bei Bildungs- und Gesundheitsinvestitionen, Berlin 1968.

BLAUG, MARK, Die Ertragsrate von Ausbildungsinvestitionen, in: Nutzen-Kosten Analyse und Programmbudget. Grundlage staatlicher Entscheidung und Planung, hrsg. von Horst C. Recktenwald, Tübingen 1970, S. 291-302.

BÖHRET, CARL, Entscheidungshilfen der Regierung. Modelle, Instrumente, Probleme, Opladen 1970.

BOLAN, RICHARD S., Perspektiven der Planung, in: Stadtbauwelt 25 (1970), S. 14-20. (Original: Emerging Views of Planning, in: Journal of the American Institute of Planners, Baltimore, Vol. 23 (1967), S. 233-245).

BRANDT, STEPHAN, Zur Demokratisierung des Planungsprozesses, in: Planung und Öffentlichkeit. Demokratisierung von Planungsprozessen, hrsg. von Detlef Affeld, 1970, S. 134-154 (Abteilung Raumplanung Universität Dortmund).

BUCHANAN, COLLIN, Verkehr in Städten, Essen 1964.

BÜRGERINITIATIVEN. Schritte zur Veränderung?, hrsg. von Heinz Grossmann, Frankfurt 1971.

BUSMANN, H. u.a.,Kommunalpolitik und Stadtentwicklungsplanung. Diplom-Seminar Lehrgebiet Wohnbau SS 1971, LG Wohnbau, RWTH Aachen.

COORDES, CARSTEN und FEUßNER, HELMUT, Kosten-Nutzen-Analyse der Konzentration von Siedlungsmaßnahmen in Baunatal und Bad Hersfeld, Paper, o. O. o. J.

DASGUPTA, AJIT K. und PEARCE, D. W., Cost-Benefit Analysis. Theory and Practice, London 1972.

DAVIDOFF, PAUL, Advocacy and Pluralism in Planning, in: Journal of the American Institute of Planners, Baltimore, Vol. 31 (1965), S. 331-338.

DAVIDOFF, PAUL und REINER, THOMAS A., A Choice Theory of Planning, in: Journal of the American Institute of Planners, Baltimore, Vol. 28 (1962), S. 103-115.

DEPIEREUX, STEFAN, Das neue Haushaltsrecht der Gemeinden, Siegburg 1972.

DIEDERICH, NIELS, Das Berliner Planungssystem. Ein Beitrag zur Stadtentwicklungsplanung, in: Recht und Politik, 1973, S. 10-17.

DIEDRICH, HEINZ, Mathematische Optimierung: Ihr Rationalisierungsbeitrag für die Stadtentwicklung, Göttingen 1970.

DILCHER, R. u.a., Organisation. Planende Verwaltung und die Qualifikation von Planern, in: Stadtbauwelt 29 (1971), S.56-59.

DOBB, MAURICE, An Essay on Economic Growth and Planning, London 1960.

DOWNS, ANTHONY, Ökonomische Theorie der Demokratie, Tübingen 1968.

DREES, W., Efficiency in Government Spending.General Report, in: Public Finance, Den Haag, Vol. 22 (1967), S. 1-47.

DUPUIT, JULES, De la Mesure de l'Utilité des Traveaux Publics, in: Annales des Ponts et Chaussées, 2. Serie, Bd. 8 (1844); englische Übersetzung: On the Measurements of the Utility of Public Works, in: International Economic Papers, London, Nr. 2 (1952), S. 83 ff.

ECKSTEIN, OTTO, A Survey of the Theory of Public Expenditure Criteria, in: Public Finance. Needs, Sources and Utilization, hrsg.vom National Bureau Committee for Economic Research, Princeton 1961, S. 439 ff.

ECKSTEIN, OTTO, Water-Resource Development. The Economics of Project Evaluation, Cambridge, Mass. 1958.

EGGELING, GERHARD, Die Nutzen-Kosten Analyse. Theoretische Grundlagen und praktische Anwendbarkeit, dargestellt an einem Straßenbauprojekt, Diss. Göttingen 1969.

EGGELING, GERHARD, Nutzen-Kosten-Analysen bei öffentlichen Investitionen, in: Nutzen-Kosten-Analysen bei öffentlichen Investitionen, hrsg. von H. K. Schneider, Münster 1971.

EHLERT, HERMANN, Kritische Untersuchung der neueren Welfare Economics, Göttingen 1968.

ELSHOLZ, GÜNTER, Altenhilfe als Gegenstand rationaler Infrastrukturplanung, Hamburg 1970.

ESCARRAZ, DONALD R., Alternative Aufgaben für das P.P.B.S., in: Nutzen-Kosten-Analyse und Programmbudget. Grundlage staatlicher Entscheidung und Planung, hrsg. von Horst C. Recktenwald, Tübingen 1970, S. 192-203.

FELDSTEIN, MARTIN S., The Derivation of Social Time Preference Rates, in: Kyklos, Basel, Vol. 16 (1965), S. 277 ff.

FELDSTEIN, MARTIN S., Opportunity Cost Calculations in Cost-Benefit Analysis, in: Public Finance, Den Haag, Vol. 19 (1964), S. 117-139.

FELDSTEIN, MARTIN S., The Social Time Preference Discount Rate in Cost-Benefit Analysis, in: The Economic Journal, London, Vol. 74 (1964), S. 360 ff.

FEST, HARTMUT E., Zur gesamtwirtschaftlichen Konsistenz des Entscheidungskriteriums für die Auswahl öffentlicher Investitionen. Ein Beitrag zur theoretischen Grundlegung der gesamtwirtschaftlichen Nutzen-Kosten Analyse, Berlin 1971 (Diss. Bonn 1970).

FISCHER, CHR. und PATKE, V., Literatur zur Planung und Öffentlichkeit, in: Stadtbauwelt 25 (1970), S. 60-61.

FISHER, GENE H., Kosten-Nutzen Analyse und Programmbudget, in: Nutzen-Kosten Analyse und Programmbudget. Grundlage staatlicher Entscheidung und Planung, hrsg. von Horst C. Recktenwald, Tübingen 1970, S. 205-218.

FLEMMING, JOHN S. und FELDSTEIN, MARTIN S., Present value versus Internal Rate of Return: A Comment, in: The Economic Journal, London, Vol. 74 (1964), S. 490.

FLICK, EKKO, Planung und Öffentlichkeit. Gegenwärtige rechtliche und institutionelle Grundlagen für eine Demokratisierung der Planung, in: Planung und Öffentlichkeit. Demokratisierung von Planungsprozessen, hrsg. von Detlef Affeld, 1970, S. 11-35. (Abteilung Raumplanung Universität Dortmund).

FREY, RENÉ L., Infrastruktur. Grundlagen der Planung öffentlicher Investitionen, Tübingen und Zürich 1970.

FRIEDMAN, JOHN, Regional Development in Post-Industrial Society, in: Journal of the American Institute of Planners, Baltimore, Vol. 30 (1964).

FRIEDRICH, PETER, Cost-Benefit Analyse und Koordinierung kommunaler Aufgaben, in: Archiv für Kommunalwissenschaften, Jg. 9 (1970), S. 64-91.

GÄFGEN, GÉRARD, Theorie der wirtschaftlichen Entscheidung. Untersuchungen zur Logik und ökonomischen Bedeutung des rationalen Handelns, 2. Aufl. Tübingen 1968.

GALBRAITH, JOHN K., Gesellschaft im Überfluß, München und Zürich 1959.

GALBRAITH, JOHN K., Die moderne Industriegesellschaft, München und Zürich 1970.

GEORGI, HANSPETER, Cost-Benefit-Analysis als Lenkungsinstrument öffentlicher Investitionen im Verkehr, Göttingen 1970.

GIERSCH, HERBERT, **Allgemeine Wirtschaftspolitik**, Bd. 1, Wiesbaden 1960.

GOOD, DAVID A., Cost-Benefit and Cost Effectiveness Analysis: Their Application to Urban Public Services and Facilities, RSRI Discussion Paper Series No. 47, Philadelphia, Regional Science Research Institute, July 1971.

GORE, WILLIAM J., Fragment einer Entscheidungstheorie, in: Stadtbauwelt 25 (1970), S. 33-40.

GRAUHAN, ROLF-RICHARD, Zur Struktur der planenden Verwaltung, in: Stadtbauwelt 22 (1969), S. 132-137.

GRAUHAN, ROLF-RICHARD, Politische Verwaltung. Auswahl und Stellung der Oberbürgermeister als Verwaltungschefs deutscher Großstädte, Freiburg 1970.

GRAUHAN, ROLF-RICHARD, Der politische Willensbildungsprozeß in der Großstadt, in: Großstadtpolitik. Texte zur Analyse und Kritik lokaler Demokratie, hrsg. von Rolf-Richard Grauhan, Gütersloh 1972, S. 145-162.

GREENHOUSE, SAMUEL M., Das Programmbudget: Der fatale Triumph des Finanzmanagements über die Ökonomie, in: Nutzen-Kosten-Analyse und Programmbudget. Grundlage staatlicher Entscheidung und Planung, hrsg. von Horst C. Recktenwald, Tübingen 1970, S. 389-399.

GRESSER, KLAUS, Das Planning-Programming-Budgeting System. Probleme der Anwendung bei der staatlichen Aufgaben- und Finanzplanung, München-Pullach und Berlin 1972.

GROSSTADTPOLITIK, Texte zur Analyse und Kritik lokaler Demokratie, hrsg. von Rolf-Richard Grauhan, Gütersloh 1972.

GRUPP, W. NORTON, The Distribution of Costs and Benefits in an Urban Public School System, in: National Tax Journal, Cambridge, Vol. 24 (1971), S. 1-12.

GRYSCZYK, HORST, Verwaltung in der Reform. Über den Stand einiger Reformen in der Berliner Verwaltung, in: Recht und Politik, 1971, S. 133-137.

GUTENBERG, ERICH, Einführung in die Betriebswirtschaftslehre, Wiesbaden 1958.

HABERMAS, JÜRGEN, Strukturwandel der Öffentlichkeit. Untersuchungen zu einer Kategorie der bürgerlichen Gesellschaft, Neuwied 1962.

HABERMAS, JÜRGEN, Verwissenschaftlichte Politik und öffentliche Meinung, in: derselbe, Technik und Wissenschaft als "Ideologie", Frankfurt 1970, S. 120-145.

HACKMANN, JOHANNES, Zur wohlfahrtstheoretischen Behandlung von Verteilungsproblemen, Diss. Berlin 1972.

HALBACH, AXEL J., Theorie und Praxis der Evaluierung von Projekten in Entwicklungsländern. Eine Bestandsaufnahme, München 1972.

HARNISCHFEGER, HORST, Strukturprobleme planender Verwaltung, in: Archiv für Kommunalwissenschaften. Jg. 10 (1971), S. 211-229.

HEISTER, MATHIAS, Rentabilitätsanalyse von Investitionen. Ein Beitrag zur Wirtschaftlichkeitsrechnung, Köln und Opladen 1962.

HENDRIKSON, KURT H. und REINECKER, MARTIN, Praktische Entwicklungspolitik: Daten - Strategien - Projekte, Düsseldorf 1971.

HESSE, HELMUT, Die Nutzen-Kosten-Analyse, in: Wirtschaftsdienst, Jg. 49 (1969), S. 47 ff.

HESSE, HELMUT und ARNOLD, V., Nutzen-Kosten Analyse einer U-Straßenbahn, in: Nutzen-Kosten-Analyse und Programmbudget. Grundlage staatlicher Entscheidung und Planung, hrsg. von Horst C. Recktenwald, Tübingen 1970, S. 359-362.

HESSE, JOACHIM JENS, Stadtentwicklungsplanung: Zielfindungsprozesse und Zielvorstellungen. Stuttgart u.a. 1972 (Schriftenreihe des Vereins für Kommunalwissenschaften, Bd. 38).

HESSE, JOACHIM JENS, Zielvorstellungen und Zielfindungsprozesse im Bereich der Stadtentwicklung, in: Archiv für Kommunalwissenschaften, Jg. 10 (1971), S. 26-53.

HICKS, J. R., The Foundations of Welfare Economics, in: The Economic Journal, London, 1939, S. 696 ff.

HILL, MORRIS, A Goals-Achievement Matrix for Evaluating Alternative Plans, in: Journal of the American Institute of Planners, Baltimore, Vol. 34 (1968), S. 19-29.

HIRSCH, JOACHIM, Wissenschaftlich-technischer Fortschritt und politisches System, Frankfurt 1970.

HIRSCH, WERNER Z., The Economics of State and Local Government, New York 1970.

HIRSCH, WERNER Z. und MARCUS, MORTON J., Some Benefit-Cost Considerations of Universal Junior College Education, in: National Tax Journal, Cambridge, Vol. 19 (1969), S. 49-57.

HIRSHLEIFER, J.; DE HAVEN, J.C. und MILLIMAN, J.W., Water Supply. Economics, Technology and Policy, Chicago und London 1966.

HOOS, IDA R., Rumpelstilzchen oder: eine Kritik an der Anwendung der Systemanalyse auf gesellschaftliche Probleme, in: Stadtbauwelt 25 (1970), S. 21-27.

HUFFSCHMID, JÖRG, Die Politik des Kapitals. Konzentration und Wirtschaftspolitik in der Bundesrepublik, Frankfurt 1969.

JANSEN, PAUL G., Infrastrukturinvestitionen als Mittel der Regionalpolitik, Gütersloh 1967.

JANSSEN, JÖRN, KRAUSSE, JOACHIM und SCHLANDT, JOACHIM, Stadtplaner und Reformgeister, Berlin 1970.

JOCHIMSEN, REIMUT, Ansatzpunkte der Wohlfahrtsökonomik. Versuch einer Neuorientierung im Bereich der normativen Lehre vom wirtschaftlichen Wohlstand, Basel und Tübingen 1961.

JOCHIMSEN, REIMUT, Überlegungen zur mittel- und längerfristigen Aufgabenplanung und deren Einfluß auf die Vorbereitung der Haushaltsentscheidungen, in: Gesellschaftsplanung in kapitalistischen und sozialistischen Systemen, hrsg. von J. Esser, F. Naschold und W. Väth, Gütersloh 1972, S. 239-258.

KADE, GERHARD und HUJER, REINHARD, Zielfindungsprozesse im Beispiel staatlicher Forschungsplanung, in: Stadtbauwelt 32 (1971), S. 285-289.

KALDOR, NICHOLAS, Welfare Propositions of Economics and Interpersonal Comparisons of Utility (1939), in: Readings in Welfare Economics, hrsg. von Kenneth J. Arrow and Tibor Scitovsky, London 1969, S. 387-389.

KIEMSTEDT, HANS, Zur Bewertung der Landschaft für die Erholung, Stuttgart 1967.

KIRSCH, GUY und RÜRUP, BERT, Die Notwendigkeit einer empirischen Theorie der Diskontierung in der Kosten-Nutzen Analyse öffentlicher Projekte, in: Zeitschrift für die gesamte Staatswissenschaft, Bd. 127 (1971), S. 432-458.

KIRSCH, WERNER, Entscheidungsprozesse, Bd. 1, Verhaltenswissenschaftliche Ansätze der Entscheidungstheorie, Wiesbaden 1970.

KNIGGE, RAINER, Kosten und Nutzen. Anwendungsmöglichkeiten von Kosten-Nutzen-Analysen im Bereich der raumplanenden Verwaltung, Düsseldorf 1971.

KÖRBER, KLAUS und SIEBEL, WALTER, Zur Demokratisierung der Stadtplanung, in: Planung und Öffentlichkeit. Demokratisierung von Planungsprozessen, hrsg. von Detlef Affeld, 1970, S. 186-203 (Abteilung Raumplanung Universität Dortmund).

KOLMS, HEINZ, Finanzwissenschaft I. Grundlegung. Öffentliche Ausgaben, 3. Aufl. Berlin 1966.

KOMMUNALPOLITIK - FÜR WEN?, Arbeitsprogramm der Jungsozialisten, hrsg. von Wolfgang Roth, Frankfurt 1971.

KOSSAK, EGBERT, Kooperation. Kooperationsformen der Planungsberatung, in: Stadtbauwelt 33 (1972), S. 45-47.

KRELLE, WILHELM u.a., Überbetriebliche Ertragsbeteiligung der Arbeitnehmer, Bd. 2, Tübingen 1968.

KROEBER-RIEL, WERNER, Serie Werbung: Man möchte manipulieren aber nicht in den Ruf des Manipulators kommen, in: Wirtschaftswoche. Volkswirt. Aktionär, Nr. 19 (1972), S. 26-28.

KRUTILLA, JOHN V. und ECKSTEIN, OTTO, Multiple Purpose River Development. Studies in Applied Economic Analysis, Baltimore 1958.

KÜLP, BERNHARD, Argumente gegen den Indikator "Sozialprodukt", in: Wirtschaftswoche. Volkswirt. Aktionär, Nr. 27 (1972), S. 35-37.

KUHN, TILLO E., Public Enterprise. Economics and Transport Problems, Berkeley und Los Angeles 1962.

LEICHT, ALBERT, Die Haushaltsreform, München und Wien 1970.

LENIN, W. J., Staat und Revolution. Die Lehre des Marxismus vom Staat und die Aufgaben des Proletariats in der Revolution (1917), Berlin 1969.

LICHFIELD, NATHANIEL, Cost-Benefit Analysis in City Planning, in: Journal of the American Institute of Planners, Baltimore, Vol. 26 (1960), S. 273-279.

LICHFIELD, NATHANIEL und CHAPMAN, HONOR, Cost-Benefit Analysis in Urban Expansion: A Case Study, Ipswich, in: Urban Studies, Glasgow, Vol. 7 (1970), S. 153-188.

LINDE, HANS, Über Zukunftsaspekte in der Raumplanung, insbesondere Leitbilder u.ä., in: Zukunftsplanung. Seminar für Planungswesen an der Technischen Universität Braunschweig. SS 1971, Heft 8, 1971, S. 84-104.

LITTLE, I. M. D., A Critique of Welfare Economics, 2. Aufl. London 1963.

LOMPE, KLAUS, Wissenschaftliche Beratung der Politik. Ein Beitrag zur Theorie anwendender Sozialwissenschaften, Göttingen 1966.

LUDWIG, GÜNTER, Möglichkeiten und Probleme der Anwendung von Nutzen-Kosten-Analysen bei Projekten der Wohngebietssanierung, Münster 1972 (Institut für Siedlungs- und Wohnungswesen der Westfälischen Wilhelms-Universität Münster, Sonderdruck 52).

LUDWIG, GÜNTER, Nutzen-Kosten-Analysen zur Beurteilung städtebaulicher Sanierungsprojekte, in: Nutzen-Kosten-Analysen bei öffentlichen Investitionen, hrsg. von Hans K. Schneider, Münster 1971, S. 57 ff.

LUHMANN, NIKLAS, Politische Planung, in: Jahrbuch für Sozialwissenschaft, Bd. 17 (1966), S. 271-296.

MAASS, ARTHUR, Benefit-Cost Analysis. Its Relevance to Public Investment Decisions, in: The Quarterly Journal of Economics, Cambridge, Mass., 1966, S. 208 ff.

MAASS, ARTHUR, Nutzen-Kosten Analyse: Hilfe für staatliche Entscheidung?, in: Nutzen-Kosten Analyse und Programmbudget. Grundlage staatlicher Entscheidung und Planung, hrsg. von Horst C. Recktenwald, Tübingen 1970, S. 415-421.

MAO, JAMES C. T., Efficiency in Public Urban Renewal Expenditures Through Benefit-Cost Analysis, in: Journal of the American Institute of Planners, Baltimore, Vol. 32 (1966), S. 95-107.

MARGLIN, STEPHEN A., Diskontsatz und öffentliche Investition, in: Nutzen-Kosten Analyse und Programmbudget. Grundlage staatlicher Entscheidung und Planung, hrsg. von Horst C. Recktenwald, Tübingen 1970, S. 143-153.

MARGLIN, STEPHEN A., Public Investment Criteria. Benefit-Cost Analysis for Planned Economic Growth, London 1967.

MARGLIN, STEPHEN A., Objectives of Water-Resource Development. A General Statement, in: Arthur Maass u.a., Design of Water-Resource Systems. New Techniques for Relating Economic Objectives, Engeneering Analysis, and Governmental Planning, Cambridge, Mass. 1962.

MARGLIN, STEPHEN A., The Opportunity Costs of Public Investment, in: Quarterly Journal of Economics, Cambridge, Mass., Vol. 77 (1963), S. 274 ff.

MARGLIN, STEPHEN A., The Social Rate of Discount and the Optimal Rate of Investment, in: Quarterly Journal of Economics, Cambridge, Mass., Vol. 77 (1963), S. 95 ff.

MARGOLIS, JULIUS, The Economic Evaluation of Federal Water Resource Development. A Review Article, in: The American Economic Review, Evanston, Ill., 1959, S. 96 ff.

MASSEY, DOREEN B. und CORDEY-HAYES, MARTIN, The Use of Models in Structure Planning, in: The Town Planning Review, Liverpool, Vol. 42 (1971),S. 28-44.

McCOLL, G. D. und THROSBY, C. D., Multiple Objective Benefit-Cost Analysis and Regional Development, in: The Economic Record, Melbourne, Vol. 48 (1972), S. 201-219.

McKEAN, ROLAND N., Efficiency in Government through Systems Analysis. With Emphasis on Water Resource Development, New York 1958.

McKEAN, ROLAND N., Offene Probleme des Programmbudgets, in: Nutzen-Kosten-Analyse und Programmbudget. Grundlage staatlicher Entscheidung und Planung, hrsg. von Horst C. Recktenwald, Tübingen 1970, S. 401-414.

McKEAN, ROLAND N., The Use of Shadow Prices, in: Problems of Expenditure Analysis, hrsg. von S. B. Chase, Washington 1968, S. 33-65.

MESSNER, STEPHEN D., Urban Redevelopment in Indianapolis. A Benefit-Cost Analysis, in: Journal of Regional Science, Philadelphia, Vol. 8 (1968), S. 149-158.

MEYKE, UDO, Hilfsmittel der Verkehrsinfrastruktur-Planung. Nutzen-Kosten- oder Kosten-Wirksamkeitsanalyse?, in: Internationales Verkehrswesen, Bd. 24 (1972), S. 146-150.

MILLER, WILLIAM L., The Magnitude of Discount Rate for Government Projects, in: Southern Economic Journal, Chapel Hill, Vol. 28 (1962), S. 348 ff.

MISHAN, E. J., Cost-Benefit Analysis. An Informal Introduction, London 1971.

MISHAN, E. J., Evaluation of Life and Limb: A Theoretical Approach, in: Journal of Political Economy, Chicago, Vol. 79 (1971), S. 687-705.

MÜLLER, WOLFGANG und NEUSÜSS, CHRISTEL, Die Sozialstaatsillusion und der Widerspruch von Lohnarbeit und Kapital, in: Sozialistische Politik, H. 6/7 (1970), S. 4-67.

MÜNNICH, FRANK E., Das Prinzip der Optimierung, in: Stadtbauwelt 24 (1969), S. 275-277.

NARR, WOLF-DIETER, Logik der Politikwissenschaft - eine propädeutische Skizze, in: Politikwissenschaft. Eine Einführung in ihre Probleme, hrsg. von Gisela Kress und Dieter Senghaas, Frankfurt 1972.

NASCHOLD, FRIEDER, Optimierung: Möglichkeiten, Grenzen und Gefahren, in: Stadtbauwelt 24 (1969), S. 282-285.

NEENAN, WILLIAM B., Distribution and Effenciency in Benefit-Cost Analysis, in: The Canadian Journal of Economics, Montreal, Vol. 4 (1971), S. 216-224.

NEU, AXEL, Ökonomische Probleme des Strafvollzuges in der Bundesrepublik Deutschland, Tübingen 1971.

NEUMARK, FRITZ, Planung in der öffentlichen Finanzwissenschaft, in: Rationale Wiertschaftspolitik und Planung in der Wirtschaft heute, hrsg. von Erich Schneider, Berlin 1967, S. 189.

NEWTON, TREVOR, Cost-Benefit Analysis in Administration, London 1972.

NISKANEN, WILLIAM A., Measures of Effectiveness, in: Thomas A. Goldman, Cost-Effectiveness-Analysis. New Approaches in Decision-Making, New York, Washington und London 1968, S. 17-32.

NOVICK, DAVID, Das Programmbudget: Grundlage einer langfristigen Planung, in: Nutzen-Kosten Analyse und Programmbudget. Grundlage staatlicher Entscheidung und Planung, hrsg. von Horst C. Recktenwald, Tübingen 1970, S. 155-163.

NUTZEN-KOSTEN-ANALYSE UND PROGRAMMBUDGET. Grundlagen staatlicher Entscheidung und Planung, hrsg. von Horst C. Recktenwald, Tübingen 1970.

OFFE, CLAUS, Demokratische Legitimation der Planung, in: derselbe, Strukturprobleme des kapitalistischen Staates. Aufsätze zur Politischen Soziologie, Frankfurt 1972, S. 123-151.

OFFE, CLAUS, Sachzwang und Entscheidungsspielraum, in: Stadtbauwelt 23 (1969), S. 187-191.

OFFE, CLAUS, Zum politischen Stellenwert von Bürgerinitiativen, in: Großstadt-Politik. Texte zur Analyse und Kritik lokaler Demokratie, hrsg. von Rolf-Richard Grauhan, Gütersloh 1972, S. 237-249.

OLSON, MANCUR (Jr.), Die Logik des kollektiven Handelns. Kollektivgüter und die Theorie der Gruppen, Tübingen 1968.

PAHLKE, JÜRGEN, Welfare Economics - Grundlage allgemeingültiger Entscheidungen?, Berlin 1960.

PETERS, G. H., Cost-Benefit Analyse und staatliche Aktivität, Hamburg 1968.

PIGOU, A. C., The Economics of Welfare, 4. Aufl. London 1960.

PLANUNG UND ÖFFENTLICHKEIT. Demokratisierung von Planungsprozessen, hrsg. von Detlef Affeld, 1970 (Abteilung Raumplanung Universität Dortmund).

POLITISCHE PLANUNG IN THEORIE UND PRAXIS, hrsg. von Volker Ronge und Günter Schmieg, München 1971.

PLATH, FRIEDHELM, Ökonomische Bewertung öffentlicher Investitionen. Grundlagen und ihre spezielle Anwendung auf Planungsvarianten zum Ausbau städtischer Verkehrssysteme, Berlin 1973.

PLATZ, H. u.a., Diskussion über Möglichkeiten und Grenzen mathematischer Optimierungsmethoden, in: Stadtbauwelt 25 (1970), S. 58-59.

PREST, A. R. und TURVEY, R., Cost-Benefit Analysis: A Survey, in: The Economic Journal, London, Vol. 75 (1965), S. 683-735.

PREST, A. R. und TURVEY, R., Kosten-Nutzen-Analyse: Ein Überblick, in: Nutzen-Kosten-Analyse und Programmbudget. Grundlage staatlicher Entscheidung und Planung, hrsg. von Horst C. Recktenwald, Tübingen 1970, S. 103-125.

QUADE, EDWARD S., Introduction and Overview, in: Thomas A. Goldman, Cost-Effectiveness Analysis. New Approaches in Decision Making, New York, Washington und London 1968, S. 1-16.

QUADE, EDWARD S., Kosten-Wirksamkeitsanalyse, in: Nutzen-Kosten-Analyse und Programmbudget. Grundlage staatlicher Entscheidung und Planung, hrsg. von Horst C. Recktenwald, Tübingen 1970, S. 235-242.

RECKTENWALD, HORST C., Die ökonomische Analyse: Hilfe für rationale Entscheidung in der Staatswirtschaft, in: Nutzen-Kosten-Analyse und Programmbudget. Grundlage staatlicher Entscheidung und Planung, hrsg. von Horst C. Recktenwald, Tübingen 1970, S. 1-24.

RECKTENWALD, HORST C., Effizienz und innere Sicherheit. Unteilbare Güter: Gesetz, Ordnung, Polizei, in: Nutzen-Kosten-Analyse und Programmbudget. Grundlage staatlicher Entscheidung und Planung, hrsg. von Horst C. Recktenwald, Tübingen 1970, S. 249-266.

RECKTENWALD, HORST C., Die Nutzen-Kosten-Analyse. Entscheidungshilfe der Politischen Ökonomie, Tübingen 1971.

REGAN, M. M. und GREENSFIELD, E. L., Benefit-Cost-Analysis of Resource Development Programs, in: Journal of Farm Economics, 1951, S. 866.

REICHENBACH, ERNST, Vergleich von Stadtentwicklungsmodellen, Braunschweig 1972 (Veröffentlichungen des Instituts für Stadtbauwesen, Technische Universität Braunschweig, H. 10).

REIN, MARTIN, Social Planning: The Search for Legitimacy, in: Journal of the American Institute of Planners, Baltimore, Vol. 35 (1969), S. 233-244.

RIEGER, HANS C., Begriff und Logik der Planung. Versuch einer allgemeinen Grundlegung unter Berücksichtigung informationstheoretischer und kybernetischer Gesichtspunkte, Wiesbaden 1967.

RIEGER, HANS C., Dramaturgie der Planung, in: Stadtbauwelt 25 (1970), S. 28-32.

ROBINSON, ALBERT J., Government Subsidy to Higher Education. The Benefits, Costs and Non-Economic Value of the Policy, in: The American Journal of Economics and Sociology, Lancaster, Vol. 30 (1971), S. 259-274.

ROTHENBERG, JEROME, Ökonomische Probleme der Stadtsanierung, in: Nutzen-Kosten-Analyse und Programmbudget. Grundlage staatlicher Entscheidung und Planung, hrsg. von Horst C. Recktenwald, Tübingen 1970, S. 323-342.

RÜRUP, BERT, Die Programmfunktion des Bundeshaushaltsplanes. Die deutsche Haushaltsreform im Lichte der amerikanischen Erfahrungen mit dem Planning-Programming-Budgeting-System, Berlin 1971.

SACHVERSTÄNDIGENRAT ZUR BEGUTACHTUNG DER GESAMTWIRTSCHAFTLICHEN ENTWICKLUNG: Stabilität im Wachstum. Jahresgutachten 1967/68, Stuttgart 1967.

SCHÄFERS, BERNHARD, Planung und Öffentlichkeit. Drei soziologische Fallstudien: Kommunale Neugliederung, Flurbereinigung, Bauleitplanung, Düsseldorf 1970.

SCHÄFERS, BERNHARD, Restriktionen einer Demokratisierung von Planungsprozessen, in: Planung und Öffentlichkeit. Demokratisierung von Planungsprozessen, hrsg. von Detlef Affeld, 1970, S. 59-73 (Abteilung Raumplanung Universität Dortmund).

SCHARPF, FRITZ W., Planung als politischer Prozeß, in: Die Verwaltung, 1971, S. 1-30.

SCHICK, ALLAN, A Death in the Bureaucracy: The Demise of Federal PPB, in: Public Administration, Washington, Vol. 33 (1973), S. 146-156.

SCHNEIDER, ERICH, Wirtschaftlichkeitsrechnung. Theorie der Investition, 7. Aufl. Tübingen und Zürich 1968.

SCHNEIDER, H. K., Entscheidungen nach Kalkül, in: Der Volkswirt, Jg. 22 (1968), Nr. 24, S. 29 ff.

SCHUSTER, HELMUT, Der soziale Überschuß als Kriterium wirtschaftspolitischer Maßnahmen im mikroökonomischen Bereich, in: Schmollers Jahrbuch für Wirtschafts- und Sozialwissenschaften, Jg. 90 (1970), S. 129-147.

SEILER, GERHARD, Prioritäten und Nutzenmaximierung, in: Finanzarchiv, Bd. 30 (1972), S. 424-431.

SINZ, RUDOLF, Der ökonomische Hintergrund der Forderung nach Demokratisierung der Planung, in: Planung und Öffentlichkeit. Demokratisierung von Planungsprozessen, hrsg. von Detlef Affeld, 1970, S. 180-185 (Abteilung Raumplanung Universität Dortmund).

SMITH, W. D., TUCKER, S. und WILLIAMS, F., Partizipationsgespräch, in: Stadtbauwelt 27 (1970), S. 196-202.

SPIEGEL, ERIKA, Sozialplanung und Mitwirkung der Betroffenen. Ein Stück Gesellschaftspolitik?, in: Stadtbauwelt 37(1973), S. 18-21.

STAATS, ELMER B., Interest Rate Guidelines for Federal Decisionmaking, in: Readings in Economics, hrsg. von Heinz Kohler, 2. Aufl. New York 1969, S. 162-169.

STAATS, ELMER B., Survey of Use by Federal Agencies of the Discounting Technique in Evaluating Future Programs, in: Program Budgeting and Benefit-Cost Analysis. Cases, Text and Readings, hrsg. von H. H. Hinrichs und G. M. Taylor, Pacific Palisades, Cal., 1969, S. 212-228.

STEINER, PETER O., Choosing Among Alternative Public Investments in the Water Resource Field, in: The American Economic Review, Evanston, Ill., 1959, S. 893 ff.

STEFFEN, ANKE, Probleme der Anwendung von Kosten-Ertragsanalysen auf Entscheidungen im Wohnungssektor, Evaluierung sozialer Wohnungsbauprogramme für Großstädte in Entwicklungsländern, Berlin 1969.

STOHLER, JAQUES, Zur Methode und Technik der Cost-Benefit-Analyse, in: Kyklos, Basel, Vol. 20 (1967), S. 218-245.

STOLBER, WALTER B., Nutzen-Kosten-Analysen in der Staatswirtschaft. Wasserwirtschaftliche Projekte, Göttingen 1968.

STRAUSS, FRANZ-JOSEF, Mut zur Entscheidung, in: Der Volkswirt, Nr. 51/52 (1966), S. 25-27.

SWEEZY, PAUL M., Theorie der kapitalistischen Entwicklung. Eine analytische Studie über die Prinzipien der Marxschen Sozialökonomie, Frankfurt 1970.

TEITZ, MICHAEL B., Cost-Effectiveness: A Systems Approach to Analysis of Urban Services, in: Journal of the American Institute of Planners, Baltimore, Vol. 34 (1968), S. 303-311.

TESCHNER, MANFRED, Bürokratie und Städtebau, in: Stadtbauwelt 36 (1972), S. 282-285.

TIETZEL, MANFRED, Die Effizienz staatlicher Investitionsentscheidungen im Verkehrssektor. Eine Analyse methodischer und praktischer Probleme staatlicher Allokationsentscheidungen im Verkehrssektor, Diss. Bern und Frankfurt 1972.

TINBERGEN, JAN, The Optimal Rate of Saving, in: The Economic Journal, London, Vol. 64 (1956), S. 603 ff.

TURVEY, RALPH, On the Development of Cost-Benefit Analysis, in: Cost-Benefit Analysis. A Symposium Held in The Hague in July, 1969, under the Aegis of the NATO Scientific Affairs Committee, hrsg. von M. G. Kendall, London 1971.

U.S. FEDERAL INTER-AGENCY RIVER BASIN COMMITTEE, SUBCOMMITTEE ON BENEFITS AND COSTS, Proposed Practices for Economic Analysis of River Basin Projects, Washington D.C., Mai 1950.

WAGENER, FRIDO, Neubau der Verwaltung. Gliederung der öffentlichen Aufgaben und ihrer Träger nach Effektivität und Integrationswert, Berlin 1969.

WAGNER, MARTIN und STROMBURG, DIETER, Der Nutzwert von Alternativen. Zur Anwendung der Delphi-Methode in der Stadtplanung, in: Stadtbauwelt 24 (1969), S. 272-274.

WASSERANSCHLUSS FÜR DAS SAARLAND, Kosten-Nutzen-Analyse. Bearbeitet von: Intertraffic GmbH, Düsseldorf; Prognos AG, Basel; Deutsche Revisions- und Treuhand AG, Frankfurt o.J.

WEICHER, JOHN C., The Effect of Urban Renewal on Municipal Service Expenditures, in: Journal of Political Economy, Chicago, Vol. 80 (1972), S. 86-101.

WEISBROD, BURTON A., Income Redistribution Effects and Benefit-Cost Analysis. Comment, in: Problems in Public Expenditure Analysis, hrsg. von Samuel B. Chase, Washington 1968, S. 177-222.

WEISS, DIETER, Infrastrukturplanung. Ziele, Kriterien und Bewertung von Alternativen, Berlin 1971.

WILDAVSKY, AARON, Politische Ökonomie der Effizienz: Kosten-Nutzen-Analyse, Systemanalyse, Programmbudget, in: Nutzen-Kosten-Analyse und Programmbudget. Grundlage staatlicher Entscheidung und Planung, hrsg. von Horst C. Recktenwald, Tübingen 1970, S. 365-388.

WISEMAN, JACK, Cost-Benefit Analysis des Bildungswesens, in: Bildungsinvestitionen und Wirtschaftswachstum, hrsg. von Claus Huefner, Stuttgart 1970, S. 337-356.

WITTKÄMPER, GERHARD W., Analyse und Planung in Verwaltung und Wirtschaft. Grundlagen, Bonn-Bad Godesberg 1972.

WITTMANN, WALTER, Einführung in die Finanzwissenschaft, Teil I.: Die öffentlichen Ausgaben, Stuttgart 1970.

WOLFSLAST, JÜRGEN, Cost-Benefit-Analyse im Gesundheitswesen, Hamburg 1968.

ZANGEMEISTER, CHRISTOF, Nutzwertanalyse in der Systemtechnik. Eine Methodik zur multidimensionalen Bewertung und Auswahl von Projektalternativen, München 1970.

ZAPF, KATRIN, Rückständige Viertel. Eine soziologische Analyse der städtebaulichen Sanierung in der Bundesrepublik, Frankfurt 1969.

ZINN, KARL GEORG, Allgemeine Wirtschaftspolitik als Grundlegung einer kritischen Ökonomie, Stuttgart 1970.

ZINN, KARL GEORG, Basistheorie des ökonomischen Wohlstandes in der Demokratie. Die Interdependenz von Gleichheit, Zeit und Nutzen und die verteilungspolitische Konsequenz, Wiesbaden 1970.

SACHREGISTER

Budgetierungsverfahren   5, 82 ff., 118

Diskontsatz   39, 41 ff., 56, 117

Effizienz   4, 20, 24 ff., 45, 55, 63, 74, 117
Einkommensverteilung   11, 15, 54 ff., 100, 107 ff., 115, 117, 121 f.

Interessengruppen   18, 92
Investitionskriterien   46 ff.
Iterativer Prozeß   66 ff., 80, 118

Kosten
- Begriff   21 ff., 108 f.
- Bewertung von   34 ff., 57, 64, 94 ff.
- Erfassung von   28 ff., 95 ff.
Kosten-Wirksamkeitsanalyse   111 ff., 121 ff.

Marktpreise   35 ff., 51 f., 57, 118

Nebenbedingungen   26 f.
Nutzen
- Begriff   21 ff., 108 f.
- Bewertung von   34 ff., 57, 64, 94 ff.
- Erfassung von   31 ff., 95 ff., 112

Öffentlichkeit   64, 87 ff., 93
Opportunitätskosten   22, 28 ff., 43, 57 f., 117

Planung(s)
- Auffang- oder Anpassungs-   60 ff., 117
- Begriff   59 f.

- Betroffene 60, 63, 76, 80, 86 ff.
- Entwicklungs- oder Ziel 60 ff., 79, 84, 86, 117
- Legitimation von 60, 88 ff.
PPBS 5 f., 85

Rationalität 23, 53 f., 63 f., 75
Risiko 39 ff.

Schattenpreise 35 f., 57
Sensitivitätsanalyse 40, 49 f., 74
Sozialprodukt 20 f., 44, 55 f., 117
Staat(s)
- auffassung 16 ff.
- ausgaben 4 f., 23 f., 82 ff., 122
- Funktionswandel des 17, 61, 78
Suboptimierung 23 ff., 106, 120

Unsicherheit 39 ff., 56, 58, 117

Verwaltung 64, 72, 76 ff., 89 ff., 122

With-and-without-Prinzip 33
Wohlfahrtstheorie 11 ff.

Zahlungsbereitschaft 31 f., 34 f., 57, 117
Ziel
- findung 64 f., 68, 75, 90, 92, 109, 114
- funktion 20 f., 53 f., 65, 109, 112, 117, 121
Zielerreichungsmatrix 114 f.

Schriften des Deutschen Instituts für Urbanistik
Schriftenreihe des Vereins für Kommunalwissenschaften e. V. Berlin

Die Gemeindeordnungen in der Bundesrepublik Deutschland
Mit einer Einführung von Gerd Schmidt-Eichstaedt und Wolfgang Haus
Bd. 47. 1975. ca. 400 S. DM 48,—

Zwischen Rathaus und Reichskanzlei
Die Oberbürgermeister in der Kommunal- und Staatspolitik des Deutschen Reiches von 1890 bis 1933
Von Wolfgang Hofmann
Bd. 46. 1974. 308 S. DM 30,—

Quellen zum modernen Gemeindeverfassungsrecht in Deutschland
Bearbeitet von Christian Engeli und Wolfgang Haus
Bd. 45. 1975. ca. 820 S. DM 69,—

Die Kreisordnungen in der Bundesrepublik Deutschland
Mit einer Einführung von Gerd Schmidt-Eichstaedt und Wolfgang Haus.
Bd. 44. 1974. ca. 200 S. DM 28,—

Kosten-Nutzen-Analyse und Stadtentwicklungsplanung
Von Reinhard Sellnow
Bd. 43. 2. Aufl. 1974. VIII, 148 S. DM 19,80

Planifikation und Regionalpolitik in Frankreich
Von Adolf Fritsch
Bd. 42. 1973. XIII, 253 S. DM 26,—

Simulation und Stadtentwicklungsplanung
Von Jürgen Nowak
Bd. 41. 1973. 143 S. DM 15,80

Kraftverkehr und Umweltqualität von Stadtstraßen
Von Dieter Apel
Bd. 40. 1973. 204 S. DM 16,80

Die Berliner Bezirksverwaltung
Von Eberhard Machalet
Bd. 39. 2. Aufl. 1974. 227 S. DM 34,—

Stadtentwicklungsplanung: Zielfindungsprozesse und Zielvorstellungen
Von Joachim Jens Hesse
Bd. 38. 2. Aufl. 1973. 158 S. DM 14,80

Die kommunale Leistungsverwaltung
Von Hendrik Gröttrup
Bd. 37. 1973. 292 S. DM 28,50

Kommunale Finanzpolitik in der Weimarer Republik
Hrsg. von Karl-Heinrich Hansmeyer mit Beiträgen vom Herausgeber sowie von Gisela Upmeier, Josef Wysocki und Hermann Dietrich-Troeltsch
Bd. 36. 1973. 248 S. DM 34,50

Die Gemeinde im Blickfeld ihrer Bürger
Von Peter Oel
Bd. 35. 1972. 177 S. DM 19,80

Die kommunalen Sparkassen
Von Klaus Stern und Joachim Burmeister
Bd. 34. 1972. 278 S. DM 32,—

Kommunale Selbstverwaltung im Zeitalter der Industrialisierung
Von Helmuth Croon, Wolfgang Hofmann und Georg-Christoph von Unruh
Bd. 33. 1971. 124 S. DM 12,80

Bebauungsplanung
Von Martin Daub
Bd. 32. 3. Aufl. 1973. 225 S. DM 19,80

Gustav Böß — Oberbürgermeister von Berlin 1921—1930
Von Christian Engeli
Bd. 31. 1971. 288 S. DM 24,—

Die kommunalen Investitionen in der Bundesrepublik
Von Winfried Raske
Bd. 30. 1971. 188 S. vergr.

Nationalsozialismus und kommunale Selbstverwaltung
Von Horst Matzerath
Bd. 29. 1970. 503 S. DM 39,50

Verlag W. Kohlhammer Stuttgart — Berlin — Köln — Mainz

Weitere Veröffentlichungen des Deutschen Instituts für Urbanistik

Halbjahresschriften

Archiv für Kommunalwissenschaften (AfK)
herausgegeben von Hans Herzfeld — Rudolf Hillebrecht — Helmut Klages — Fritz Neumark — Hans Reschke — Ulrich Scheuner — Otto Ziebill und dem Deutschen Institut für Urbanistik.
Die Zeitschrift enthält Beiträge aus folgenden Fachgebieten:
Politik — Recht — Verwaltung — Wirtschaft — Finanzen — Stadtentwicklung — Soziologie — Geschichte
Einzelpreis DM 26,—. Abonnement DM 50,—.

Informationen zur modernen Stadtgeschichte (IMS)
Die IMS unterrichten über die neuesten Forschungen auf dem Gebiet der deutschen Stadt- und Kommunalgeschichte des 19. und 20. Jahrhunderts.
Einzelpreis DM 3,—, vier Hefte im Abonnement DM 11,—.

Aktuelle Reihe

Arbeitshilfen
1. Kommunale Entwicklungsplanung: **Schulentwicklungsplanung**
Berlin 1974. Loseblattsammlung. ca. 700 S., Abb., Tabellen. DM 49,—
2. Kommunale Entwicklungsplanung: **Öffentlichkeitsarbeit**
Berlin 1974. Loseblattsammlung. ca. 500 S., graph. Darstellungen, Falttafeln. DM 49,—

Gutachten
Einrichtung eines Bürgerforums. Gutachten im Auftrag der Stadt Bonn, bearbeitet von Hans-Erhard Haverkampf. Berlin 1974. ca. 75 S. DM 3,—
Dokumentation von Zielsystemen zur Stadtentwicklungsplanung. Gutachten im Auftrag der Stadt Nürnberg, vorgelegt von Thomas Franke.
Berlin 1974. Loseblattsammlung. ca. 260 S. DM 18,—
Stadtentwicklungsplanung und Kreisentwicklungsplanung im Gefüge öffentlicher Planung. Eine Studie zum Planungsverbund von Günter Püttner unter Mitwirkung von Franz Schneider. Berlin 1974. 67 S. DM 7,50. 2. Auflage in Vorbereitung
Die örtlichen Steuern und das Gleichartigkeitsverbot in Artikel 105 Abs. 2a Grundgesetz. Von Dieter Bökelmann. Berlin 1974, 286 S. DM 14,—
Integration ausländischer Arbeitnehmer und ihrer Familien im Städtevergleich — Probleme, Maßnahmen, Steuerungsinstrumente. Von Peter Rothammer unter Mitarbeit von Susanne Heidtmann-Frohme, Carl Henning von Ladiges, Norbert Semmer.
Berlin 1974. 414 S. DM 20,—

Planspiel
Sozialplanung in Sanierungsgebieten. Aufsätze — Materialien — Planspielunterlagen. Von Susanne Heidtmann-Frohme und Jochen Schulz zur Wiesch. Berlin 1975. ca. 160 S., Klapptafeln

Berichte

Informationen über laufende und geplante Projekte sowie über alle Neuerscheinungen des Instituts. Erscheinen seit Januar 1974 alle zwei Monate. Abgabe kostenlos.
Vertrieb der „Schriften des Deutschen Instituts für Urbanistik" und des „Archivs für Kommunalwissenschaften" durch W. Kohlhammer Verlag, 7 Stuttgart 1, Urbanstraße 12—16, Postfach 747.
Vertrieb der „Aktuellen Reihe", der „Informationen zur modernen Stadtgeschichte" und der „Berichte" durch das Deutsche Institut für Urbanistik, 1 Berlin 12, Straße des 17. Juni 112, Postfach 126 224.